痴女の誕生

アダルトメディアは女性をどう描いてきたのか

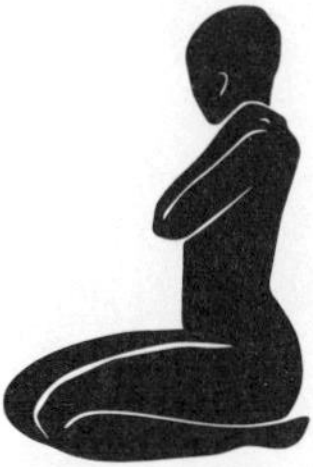

安田理央

鉄人文庫

はじめに

痴女を産んだのは誰か?

愛らしい美少女が、自ら性器を押し開き、桃色の粘膜をむき出しにして、男に見せつけ、あどけなくも淫らな声で叫ぶ。

「おまんこ、すごく感じちゃうの」

「おまんこ、ぐちゃぐちゃにして」

左右の足の裏で男のペニスを挟んで上下にしごく、いわゆる足コキプレイをしながら、股間の部分がぱっくり開いたパンティから、性器をむき出しにして無邪気に叫ぶ。

「くぱぁ〜！」

天使《あまつか》もえの出演作『おま●こ、くぱぁ。』（S1）に収録されているシーンである。

天使もえは2014年7月にデビューした単体女優で、華奢《きゃしゃ》で清楚《せいそ》なムードの正統派美少女であり、スカパー！　アダルト放送大賞の新人女優賞、DMMアダルトアワードの最優秀新人賞を受賞し、第2世代　恵比寿★マスカッツのメンバーとしてテレビ番組『マスカットナイト』（テレビ東京系）にレギュラー出演するなど、トップクラスのAVアイドルだ。

そんな彼女も、こうした痴女プレイの作品に出演する。

かつてのAVでは、正統派のAV女優は、清楚であることが求められ、自ら卑猥《ひわい》な言葉を口にしたり、喜々として男性を責めるといった積極的な姿勢は敬遠された。ＡＶ黎《れい》明《めい》期の80年代には、フェラチオする姿すら見せなかった女優もいたほどなのだ。

しかし今や痴女プレイは、ＡＶの中でも定番のメニューとなっている。どんな清楚系の女優でも、必ずと言っていいほど痴女プレイの作品に出演している。特に出演本数を重ねるにつれ、痴女的な演技を要求されることは多くなる。

ＡＶにおける痴女プレイとは、淫語を口にしながら男性を責めていく行為を指す。ＳＭの女王様と混同されることも多く、実際に重なる部分もあるのだが、痴女は暴力的、威圧的な部分は少なく、あくまでも優しくセクシーに男性を導いて行く。

男が快感に悶《もだ》える姿を見るのが痴女の喜びであり、それはある意味で男性に奉仕する風俗嬢のサービスのようでもある。

そんな男にとって都合のいい女が存在するわけがない、痴女は男の妄想が生み出したファンタジーに過ぎない。そう考える人もいるだろう。

その一方で、女性がセックスで男性を積極的に愛撫《あいぶ》することが、肯定的にとらえられるようになってきているのも事実だ。

『anan』をはじめとする女性誌が、セックスハウトゥ記事を掲載することは珍しくない。そこではＡＶ女優や風俗嬢がセックステクニックを講義しているのだが、フェラをする時のポイントはもちろん、アナルや乳首を責める、淫語をささやく、といった20年前ならＡＶ女優でもやらなかったような行為を推奨しているのだ。

男性を責めることに興奮を感じるという女性は、決して少数派ではなくなっている。

これはＡＶをはじめとするアダルトメディアの影響なのだという見方もある。近年、ＡＶで描かれる女性像は大きく変わっている。痴女のように女性がセックスに対して積極的であることが肯定的に描かれているのだ。ネットの普及などから、女性もＡＶを目やすい状況が生まれたことで、そこで見た行為に影響を受けて、男性を責めることに抵抗がなくなったのではないか、と言うわけだ。

アダルトメディアの主なユーザーは男性であり、男性の欲求を満たすために作られている。だからアダルトメディアでは、男性が最も興奮する女性像が描かれてきた。逆にそこで描かれた女性像や行為が、見ている男性の嗜好《しこう》に影響を与えることもあり、互いに影響しあってきたと言える。

そしてそれは現実の女性にも影響を与えつつあるのだ。男性の欲望が、アダルトメディアを通して、女性の性意識の変化を促したわけだ。

筆者が初めてＡＶを見たのは１９８４年だ。まだ高校生だったがアルバイトをしてビデオデッキを購入し、その足でレンタルビデオショップに入会し、そしてAVを借りた。当時は、まだ緩い時代だったからか、未成年の筆者にもあっさりと貸してもらえた。

最初に見た作品が何だったのかは、残念ながら覚えていないが、それ以降、夢中になってたくさんのAVを借りて、見た。とはいっても、まだレンタル料が高い時代だったので、高校生の財力では、それほど借りられるわけではなかったが。

その後、19歳でアイドル雑誌の編集者となり、AVコーナーを担当することになる。たくさんのAVを見た。業務でAVが見られるなんて、なんて素晴らしい職業なのだろうと思った。ちょうど宇宙企画の全盛期だった。

それから30年近く、筆者はAVを見る仕事を続けてきた。膨大な量のAVを見てきた。時には監督をするなど制作にも携わった。エロ雑誌やインターネットのアダルトサイトの制作も手がけた。

アダルトメディアの現場で、その変遷、そしてそこで活躍する女の子たちを、ずっと見てきた。

いい意味で大雑把でアナーキーだったアダルトメディアの制作側も、次第にビジネスとしての常識が導入されるようになり、ずいぶん様変わりしていった。

なによりも変わったのは出演する女性たちだ。

女性の性に対する意識や、性的な表現への社会の受け止め方の変化によって、以前に比べてＡＶ女優になろうという心理的なハードルは大幅に下がっている。

ＡＶ女優になるきっかけも以前はスカウトがほとんどだったが、現在は自ら応募してくる子の割合がかなり多くなっている。既に活躍しているＡＶ女優に憧れて、この業界に入ってくるという子も珍しくない。

ＡＶ女優の絶対数が増えた結果、ＡＶに出演できるのはその中から選びぬかれた子であるという状況が生まれた。

心理的なハードルは下がったとはいえ、やはり女性がＡＶに出演して、カメラの前で裸身を晒《さら》して、初対面の男優とセックスを見せる仕事をやるということは相当な勇気が必要だ。しかし、思い切って決意をして、この業界に飛び込んだものの、全く仕事がなかった、という話はよく聞く。

現在は作り手側の状況も厳しくなり、脱いでくれる女性であれば誰でもいいというわけではなくなった。見る側の目が肥えてきて贅沢になってきたことも大きい。よほど気に入った子が出演していない限り、購入してはもらえないのだ。制作側は、膨大な数の女優の中から考えに考えて出演女優を選ぶのだ。

女なら誰でも脱げばお金になるという時代はとうに過ぎ去っていた。ＡＶに出演できるのは、一握りの選ばれた女性となった。

選び抜かれた女性である彼女たちは、ＡＶ女優としての仕事意識が非常に強い。ＡＶは男性が性的欲求を満たすためのものであり、自分たちはそれを満足させるための存在であることを、よく理解している。

ここ数年のＡＶを見ていて感じるのは、女優のスキルが監督の力量を上回っているなということだ。ユーザーは自分のどんな姿を見たいのか、どんなことをすれば喜ぶのか、ＡＶ女優たちは、よく理解している。

00年代末から増えてきたのが、台詞も設定もなく、ただひたすらセックスを見せるという「ガチセックス物」だ。これは女優の「見せる」スキルなくしては成り立たない（当然、そこには男優のスキルの高さも要求されるが）。

こうなって来ると、監督に力量がなくても、女優の力量だけで、そこそこ見られる作品が出来てしまう。

残念ながら、ＡＶを見ていて、監督の力量に唸《うな》らされることは少なくなってしまった。メーカー側が監督のカラーを出すことを控えているという理由も大きいのだが。

いずれにせよ、現在は女優の時代であることは間違いない。

驚くのは、今の女優は初めての撮影から、上手いのだ。どう見せればいいのか、よくわかっている子が多い。ベテラン監督のカンパニー松尾は、こういった子たちを「ニュータイプ」と呼んでいるが、確かに明らかに何かが違う。

恐らく、女性がカジュアルにＡＶを見ることができるようになったことが変化の理由ではないだろうか。

00年代後半あたりから新人ＡＶ女優にインタビューすると、「以前からＡＶは見ていました」と答える時のジェスチャーが携帯電話やスマートフォンを見る仕草になっている。これは若い男性でも同じだが、ＡＶをＤＶＤで見た経験のある子は少ない。ＡＶとはネットで見るものになっているのだ。

ビデオショップで恥ずかしい思いをして入手する必要もなく、自分の部屋で手のひらのスマホで簡単にＡＶが見られるようになったことで、若い女の子にもその裾野は大きく広がった。

ＡＶを見て、セックスとはこういうものなのだという刷り込みは大きいだろう。

現在のＡＶは男性のニーズを満たすために作られたものだ。女性向けのＡＶも作られはじめてはいるものの、まだまだ数は少なく、内容も偏ったものがほとんどだ。男性向けＡＶを見ている女性の方が多いはずである。

そうした状況が、「男性の喜ぶセックス」ができる女性を生み出しているのではないか。

アダルトメディアで描かれた「女性像」は、男性の欲望を忠実に反映したものだ。彼女たちは、それを鋭敏に感じ取り、見事に演じきる。それができない女優は、仕事を取ることができないのだ。

こうした現状が女性にとって幸せなことなのか、不幸なことなのかは、筆者には判断できない。

しかし、自ら好んでアダルトメディアの世界に飛び込んでくる女性の数は、確実に増えている。それは出演者だけではなく、制作者としてもなのだ。本書でも紹介する山本わかめだけではなく、数多くの女性ＡＶ監督が活躍中だ。中でも女優から監督へ転身した真咲南朋《なお》は、様々なメーカーで毎月何本も撮る人気監督になっている。

またアダルト系のライターにおいては、男性より女性の方が多いのでは、と思うほどだ。

このように送り手、受け手共に女性の割合が増えていった時、アダルトメディアでの女性の描かれ方はどのように変わっていくのか、非常に興味のあるところだ。

そして、その変化したＡＶを見た女性の性意識はどうなるのか。その彼女がＡＶ業界に入った時、いったいどのようなセックスを見せるのだろうか。

アダルトメディアで描かれる女性像は、常に変化していくのだ。

アダルトメディアの世界では、痴女的な女性が登場する作品を「痴女物」と呼ぶ。熟女が登場する作品は「熟女物」であり、素人女性が登場する（もしくは女優が素人女性という役を演じている）作品は「素人物」である。

ＳＭ物や乱交物などと、プレイ内容による区分もあるが、出演している女性の属性によってジャンルが区分されていることが多い。

80年代前半までは、「女学生物」「人妻物」「ＯＬ物」くらいが主流であり、あとはせいぜい「女教師物」「看護婦物」「海女《あま》物」といった職業別のジャンル分けがある程度だったが、80年代後半以降はその細分化が進んだ。

日本最大のＡＶ販売サイトであるDMM.R18で調べてみるとカテゴリーは「巨乳」「ＳＭ」「レズ」「ハメ撮り」など多岐に渡り、全部合わせるとなんと２２９種類にも分類されている。そしてその中で、「痴女」や「熟女」「女子校生」と言った女性の属性に関するカテゴリーは69種類に及ぶ。

女性の属性に興奮する男性は多い。単に顔とスタイルの好みの女性というだけではなく、「女子校生」「人妻」という属性があった方が、より興奮する。いや、むしろ、独身の美人よりも、少々ルックスに難のある人妻の方がいい、といったように属性を優先する人は珍しくない。オタク方面では、これを「属性萌《も》え」と呼んでいる。

00年代半ばのAVで盛り上がった「芸能人物」なども、属性萌えと言ってもいいだろう。現在のレベルが高くなったAV女優の標準ルックスよりも劣るような「芸能人」でも、AVに出演すれば高いセールスを記録するのだから。

現役教師、現役スポーツ選手といった肩書きをもった女性の出演作も人気が高い。

これはAVに限らず、週刊誌などのヌードグラビアでも同じ傾向が見られる。

またエロ雑誌では、00年代以降「熟女」「ギャル」「ロリ」などの属性ジャンルの専門誌が主流となり、現在では総合誌的な雑誌はほとんど姿を消している。

アダルトメディアの中で女性は、男性の性欲の対象として、どのように描かれてきたのか、どう変化してきたのかを振り返ってみようというのが本書の趣旨である。

ここでは、「美少女」「熟女・人妻」「素人」「痴女」「ニューハーフ・男の娘（女装）」という5つの属性を取り上げた。当時の資料と証言などを元に、それぞれの属性ジャンルの誕生と発展の過程を検証している。

　例えば、現在のアダルトメディアで描かれている「痴女」像は誰がどのように作り上げてきたのか。淫語を言いながら男を責め、その行為に自らも発情していくという「痴女」像は90年代になって作られたものだ。80年代以前のアダルトメディアでは、そうした「痴女」が登場することはなかった。

　しかし、それは90年代になって唐突に出現したわけではない。何人かのプロトタイプとなるキャラクターを経て、次第に「痴女」像が練り上げられ、成立していったのだ。そして、その過程は大変興味深いものだった。なぜならば、男性の妄想の産物と思われがちな「痴女」像を作り出したのは、女性たちだったからだ。そして、それを男性たちは受け入れたのだ。女性は男性に一方的に愛撫されるのがセックスであり、女性が男性を愛撫（奉仕ではなく）したいと思うのは、ふしだらなことだという意識が、この時期に大きく変化したわけだ。

　同じように日本のアダルトメディアのメインストリームである「若く可愛い女の子」＝「美少女」に関しても、70年代以前と80年代、そして90年代以降では、そのイメージは大きく変化している。セーラー服姿の「女子高生」と、ブレザーの制服のＪＫでは、正反対と言ってもいいほどに描かれ方は違う。それは少女が清楚であるという幻想が、ブルセラやコギャル世代の登場によって打ち砕かれたという現実の影響が大きい。ある時期から「女子高生」は、性に奔放だという記号に変化してしまったのだ。それでも従来の清楚な少女像を求める層に対しては、アダルトメディアは童顔の女優に、より下の年齢層の少女を演じさせる「擬似ロリ」という手法でそのニーズに応えていった。

また、逆に成熟した女性を意味する「熟女・人妻」は現在のアダルトメディアでは最も大きなウエイトを占める人気ジャンルだが、00年代までは、どちらかと言えばマニアックな嗜好だとみなされていた。アダルトメディアにおいて、「熟女・人妻」が一般的な性の対象だと認められるようになったのは、つい最近のことなのだ。

同じようにマニアックな嗜好の対象であった「ニューハーフ」や「女装」についても、描かれ方やユーザーの捉え方は、ここ数年間でずいぶん変わってきている。10年後には、熟女に並ぶメジャーなジャンルとして扱われるようにならないとも言い切れないのだ。

そして「ニューハーフ」「男の娘」の盛り上がりの背景には、男性の性意識の大きな変化が秘められていた。欲望を突き詰めていった極北にある究極の性の対象が、そこにあったのである。

男と女の性のあり方は、この先大きく変化することになるのかもしれない。

ユーザーのニーズに対して極めて敏感なアダルトメディアは常に時代の欲求を反映す

る。制作者側の思い入れよりも、売上が優先されるシビアな世界だからだ。売れなかった作品は、どんなに評価が高くても、その路線が続くことはないので、そこで終わってしまい、主流にはなりえない。時代の流れを作る作品は、ユーザーのニーズを反映したものに限られる。作り手の作家性よりも、ユーザーの内面に潜んでいるモヤモヤとした性欲の嗜好を汲《く》みとって、はっきりとした形にすることが重要なのだ。大衆の欲望のイタコであることが求められるわけだ。

　つまり、アダルトメディアで描かれた女性像の移り変わりは、男性の欲望の変遷そのものでもある。

　これは日本の男性、そして女性の性の意識の変化をめぐる旅なのだ。

痴女の誕生　目次

第二章　発見された熟女

協力／藤木ＴＤＣ

第一章

変質する美少女像

『ミス本番・裕美子19歳』の衝撃

「ホントにこんな可愛いコがアダルトビデオに出てるのかって、信じられなかったね。彼女には、それまでAVに出てた女の子とは全然違う可愛らしさがあったんだ」

ＡＶライター沢木毅彦《たけひこ》は32年前の衝撃を、こう語る。

１９８４年、沢木はフロム出版から創刊したばかりのアダルトビデオ専門誌『ビデパル』でライターをしていた。作品紹介用にと編集者から渡されたのが宇宙企画の『ミス本番・裕美子19歳』だった。出演している田所裕美子の可愛らしさは、群を抜いていた。いや、可愛いだけならば、既にアダルトビデオにはアイドル的なモデルが何人も出演していた。

しかし、田所裕美子は彼女たちとは明らかに違っていた。

「それまでのコは、どんなに可愛くても、風俗嬢っぽいというか、プロっぽいムードがあったんだよね。でも、田所裕美子は本当に素人っぽかった。もしかしたら

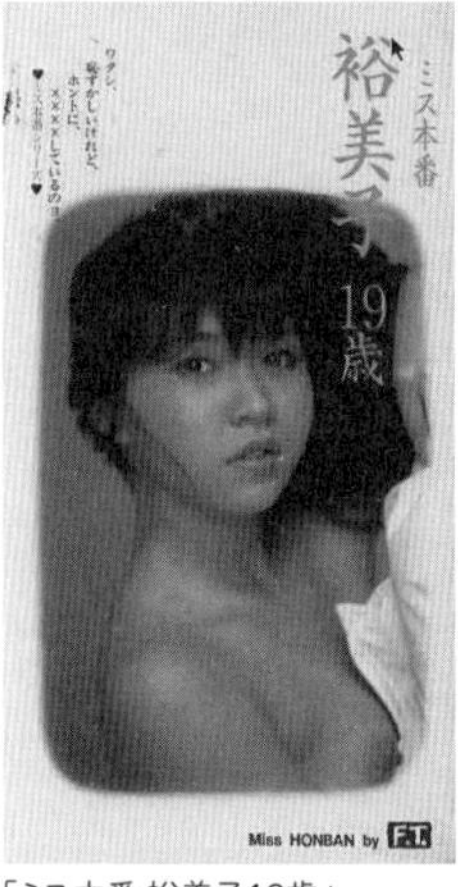

「ミス本番 裕美子19歳」
宇宙企画　1984年

処女なんじゃないかって思わせるほどだった。そんな女の子がビデオカメラの前で、裸になって、セックスを見せるなんて、ありえないと思ったよ」

当時の沢木はアダルトビデオ誌のライターをしていながら、ビデオデッキを持っていなかった。沢木だけではなく、他のライターも同じだった。20万円近くもするビデオデッキは高嶺《たかね》の花なのだ。彼らは紹介記事を書くために、編集部にあるビデオデッキを交代で使っていた。かつてない興奮を感じながら『ミス本番・裕美子19歳』を見る沢木の周りにも編集者や、順番を待つライターがいる。とても落ち着いて見ていられる状況ではない。

「ビデオデッキ、買おう」

そのとき、沢木はビデオデッキを買う決心をした。自分のアパートで、一人で思う存分、アダルトビデオを見たい。23歳の青年にそう決意させるだけの可愛らしさを、田所裕美子は持っていたのである。

アダルトビデオの誕生

アダルトビデオ＝ＡＶが日本に誕生したのは１９８１年。その第１号とされるのが、この年の5月に日本ビデオ映像から発売された『ビニ本の女／秘奥覗《のぞ》き』と『OLワレメ白書／熟した秘園』だ。

実は1981年以前にも、成人向けのビデオソフトは存在した。主に成人映画をビデオ化したもので、家庭用ビデオデッキが普及する以前の70年代からそうしたソフトは販売されていたのだ。1972年には既に自主規制団体である日本ビデオ倫理協会、通称ビデ倫も発足している（発足当時は成人ビデオ自主規制倫理懇談会）。

日本初のアダルトビデオ専門誌である『ビデオプレス』（大亜出版）の創刊号（1982年6月号）には、「日本で最初のポルノビデオは、昭和44年12月に、日活が、当時の劇場用映画をモノクロビデオ化したもの。オネダンは1本6万円もしたとか」との表記がある（日活にも問いあわせたが、当時の記録が残っておらず詳細は不明）。

こうしたポルノビデオは、ほとんどがラブホテルや旅館などでの観覧用として流通していた。

『ビニ本の女』と『OLワレメ白書』がAV第1号と呼ばれるのは、この作品が一般販

「ビニ本の女　秘奥覗き」
日本ビデオ映像　1981年

売を目的としてビデオカメラで撮影された映像だったからだ。それ以前にもビデオソフト化を前提として撮り下ろされた作品はあったが、フィルム撮りであったため、初めてビデオカメラで撮影されたこの2作品をAV第1号とすることが多い。

ただし、『ビニ本の女』も『OLワレメ白書』も成人映画のスタッフと女優による作品で、内容もドラマ仕立ての30分の短い成人映画ともいえるものだ。ちなみに定価は9800円だった。

この年の11月には、映画『白日夢』で佐藤慶と本番撮影を行い、本番女優として話題となった愛染恭子主演の『淫欲のうずき』（日本ビデオ映像）を成人映画出身の代々木忠監督が撮り、12月には、やはり成人映画で鬼才といわれた中村幻児監督による『女子大寮ルポ・風呂場レズ』（宇宙企画）が発売される。

この時期のAVメーカーは成人映画会社の系列であったり、関係者が作っていたりすることが多かったが、『女子大寮ルポ・風呂場レズ』で参戦した宇宙企画は、ビニール本版元の大手であるハミング社の映像部門として誕生した会社だった。そのため、成人映画の女優を起用することが難しく、苦肉の作として若い素人の女の子を出演させたといわれている。

ただし、中村幻児がAV黎明期を振り返った未発表の手記『わがAVに関する雑感史』によれば、宇宙企画からは手垢《てあか》のついた女優ではなく、現役の女子大生を出演させて欲しいという条件があったというから、素人中心の起用は意図的だったのかもしれない。このとき、用意された女の子のギャラは20万円。成人映画ではあまり有名ではない女優のギャラが2万円程度だったというから、無名の女性のギャラとしては破格の金額である。

ビニール本の時代

ここで、もはや死語となっているビニール本の説明もしておかないといけないかもしれない。70年代末から80年代初頭にかけて大ブームとなったヌード写真集で、店頭ではビニールに包まれて中身が見られないようになっていることからビニール本＝ビニ本と称されるようになった。ビニ本の人気が盛り上がった理由は、その露出度だ。モデルの着用している下着の布地が薄く、陰毛が透けて見えると話題になったのだ。90年代のヘア実質解禁まで、日本では陰毛はわいせつの象徴でもあった。

1980年にはマスコミもこぞってビニ本を取り上げるようになり、代表的なショップである神保町の芳賀書店や、次々とオープンした歌舞伎町のビニ本専門店には人だかりができた。月に300タイトルが発売され、100億円産業などと呼ばれるようになる。中でもカナダのトロントで開催されたミス・ワールド・ページェントで準優勝したという岡まゆみが出演した『慢熟』は10万部を超えるベストセラーになった。

この頃、中学生だった筆者もラジオ番組で谷村新司らが『慢熟』などのビニ本を話題にして「すごい」「丸見え」などと盛り上がっているのを聞き、好奇心を膨らませたものだった。当時、大人気だったロックバンド横浜銀蝿が『ビニボンRock'n Roll』（『仏恥《ぶっち》義理蹉揖怒《ぎりさあど》』収録　1981年）なる曲をリリースするほど、ビニ本は一般的な話題となっていたのだ。

ビニ本「慢熟」
恵友書房　1980年

ビニ本に出演しているモデルは、モデルプロダクションに登録している子ばかりではなく、むしろカメラマンや編集者がスカウトして来たり、水着モデル募集といった広告に応募してきた素人の子が多かった。

そして、ビニ本では若く、素人っぽいタイプの女の子の人気が高かったのだ。

映画からビデオへ

初期の宇宙企画のキャッチフレーズは「動くビニ本」だった。ビニ本出版社出身であることを逆手にとって開き直ったようなこのキャッチフレーズは、その後のＡＶの方向性を提示するものだった。

これも、もともとは第１作、第２作を監督した中村幻児がストーリーのある脚本を用意していたにもかかわらず、素人女性が主演だったために全くセリフが言えず、急遽《きゅうきょ》インタビュー形式の性告白ドキュメント風の構成になったのだという。

前述の通り、黎明期のＡＶメーカーには、二つの流れがあった。ひとつは、にっかつや大映、東宝といった映画会社やその関連会社によるメーカー。そしてもうひとつが宇宙企画やＫＵＫＩ、ＶＩＰなどのビニ本やエロ本の出版社出身のメーカーだ。最初は、映像制作のノウハウや人材、そして資金力から見ても映画メーカーの方がメジャーであった。

しかし、映画メーカーは、ＡＶを成人映画の簡易版としか見ることができなかった。脚本があり、きっちりとカットを割った「映画のような」作品こそが正しいと考えていた。

その点、ビニ本出身のメーカーは、もともとのノウハウがなかったために自由な発想でＡＶを制作することができた。イメージフォーラムなどの映像学校出身の20代前半の若い監督たちを起用すると、彼らはビデオカメラならではの特性を活かした作品を作っていった。

もう一度、１９８２年の『ビデオプレス』創刊号（６月号）を見てみよう。当時発売されていたＡＶのリストが掲載されている。

大映の作品は『団地スワップ／愉悦のたくらみ』『濡《ぬ》れ濡れ観音まんだら日記』、東宝が『温泉芸者／愛の白昼夢』『団地夫人／舌技《ぜつぎ》に泣く』、にっかつが『昇天トルコNo.1』『未亡人・いつでもどうぞ』、ワールド映画が『若妻の欲情日記』『好色アパートは花盛り』といった具合で、成人映画そのままのノリが感じられる。内容も、ビデオで撮影している以外は成人映画と変わらないドラマ物であった。

一方、同じ号に掲載されている宇宙企画の広告には「ビデオ界に新風！　素人ギャルの痴態を鮮明画像で生々しく再現!!　全く素人のピチピチギャルの初めての全裸姿を大型カメラで生撮り」というキャッチコピーが躍っている。そして、各作品のタイトルには『女子大生素人生撮りシリーズ』『女子高生素人生撮りシリーズ』というシリーズタイトルがつけられている。

この時期の宇宙企画が、素人と生撮りという言葉にこだわり、「生々しさ」を重視していることがわかるだろう。

特にこの広告にも掲載されている宇宙企画の7作目にあたる『女子高生素人生撮りシリーズNo.2　美知子の恥じらいノート』は、ビデオカメラならではの特性を活かした「生々しい」ドキュメントであり、その後のAVの可能性を広げた作品だ。監督の小路《こうじ》谷《たに》秀樹は、黎明期のAVを代表する存在であり、彼の様々な実験的手法は後のAVに大きな影響を与えた。

ちなみにこの頃は、アダルトビデオ＝AVという名称は、まだ定着しておらず、誌面でもポルノビデオ、ポルノソフト、アダルトビデオ、そして生撮りビデオなどが混在している。

掲載されている作品リストでは、成人映画をソフト化したもの（フィルム撮影）をポルノソフト、撮り下ろしたもの（ビデオ撮影）を生撮りビデオと区別しているようだ。つまり現在のAVは、生撮りビデオと呼ばれていたのだ。当時はビデオでの撮り下ろしくらいの意味で生撮りと呼んでいたのだろう。映画メーカーが制作していた生撮り作品が、成人映画のノリそのままだというのが、その証拠だ。

この時点で、ビデオの本当の特性がドキュメント性にあることに気づいていたのは、宇宙企画だけだったのだ。

『ミス本番・裕美子19歳』発売

ビデオデッキの家庭普及率も高まり、レンタルビデオ店も登場すると、いよいよAVの時代がやって来た。新規参入も増えてメーカーも乱立。AVは年間1000タイトル以上発売されるようになる。

そして1984年に『ミス本番・裕美子19歳』が発売された。

その前年の1983年には白夜書房より『ビデオ・ザ・ワールド』が創刊されている。2013年まで30年の長きにわたって刊行された日本を代表するAV雑誌のひとつだ。

その創刊号（11月号）に『ミス本番・裕美子19歳』の出演女優である田所裕美子のヌードグラビアが掲載されている。名前のところに小さく「VIDEO NEW FACE」と書かれているだけでキャッチコピーも無し。3ページに写真は3枚だけ。最後のページに「田所裕美子ちゃんの本番ビデオが10月中旬に宇宙企画より『ミス本番・裕美子19歳』（30分¥12000円）で発売されます」と書かれているのが情報のすべてだ。

この創刊号には巻頭グラビアとして他にポリドール創立30周年を記念してデビューし

たというアイドル歌手・木元ゆうこ、にっかつロマンポルノでデビューした岡本かおりと青木琴美が登場しているが、田所裕美子の扱いは明らかに一番小さい。

この時期はにっかつロマンポルノの女優のネームバリューが高く、彼女たちがＡＶに出演するとそれだけで話題になった。順調に勢いを伸ばしてはいたものの、ＡＶはまだにっかつロマンポルノの下のポジションにあるという位置づけだったのだ。

『ビデオ・ザ・ワールド』創刊号を、もう少し見てみよう。まだリリース本数が少なかったためかＡＶの記事の割合は低い。荒木経惟《のぶよし》が監督を務めたというマガジンビデオ『愛の不毛』の撮影日記や女子トイレ盗撮ビデオの記事はともかく、麻薬の追跡ルポや黒人シャム双生児姉妹、インドの売春窟などＡＶとは何の関係もない記事も多いのだ。後に辛口の批評で有名になるＡＶレビューコーナー「チャンネル」でも創刊号ではわずか20本しか紹介されていない。

ちょっと驚いたのは、この号に３ＤＡＶの制作者インタビューが掲載されていたことだ。１９８３年に既に３ＤのＡＶが発売されていたのである。ちなみにタイトルは『沈腸・ザ・ターザン』（スタジオ４１８）。もちろん飛び出すのは排泄物《はいせつぶつ》である。

『ビデオ・ザ・ワールド』には１９８３年10月中旬発売と書かれていた『ミス本番・裕美子19歳』は、実際には翌年の１月に発売される。ビデ倫の審査番号が８３６８８となっているところを見ると（頭二桁が審査を受けた年になっている）本来は1983年中に発売する予定が、遅れたのかもしれない。

冒頭に登場したAVライター沢木毅彦のように、田所裕美子の「普通の」可愛らしさに衝撃を受けた者は多く、本作は2万本以上という当時としては記録的なヒットを記録する。監督は宇宙企画の前身のハミング社の社員カメラマンだった池田一夫だ。

雨の降る公園で透明のビニール傘をさす田所裕美子の静止画から『ミス本番・裕美子19歳』は始まる。自己紹介のテロップが重なる。

田所裕美子（たどころ・ゆみこ）
昭和39年6月10日生（ふたご座）・19歳
血液型・B型
サイズ・身長157　B80　W57　H84
都内T女子短大仏文科1年生在学中
趣味・映画鑑賞、洋裁

「ミス本番 裕美子19歳」
宇宙企画　1983年

そして、いきなり裕美子が騎乗位で切なげに喘《あえ》いでいるセックスシーンが始まる。股間、というより、下半身全体に白いボカシがかけられている。

しばらくすると、今度は裕美子が彼氏と待ち合わせをして、デートする街角のシーンへと変わる。そこにインタビューのテロップが重なる。

――初体験は？

「高校2年のとき。同じクラスの男の子と」

――今の彼氏は？

「ディスコで知り合ったの。とっても真面目《まじめ》そうな人でしょ」

二人はラブホテルに入り、ソファに座るとキスを始める。テロップは続く。

――週に何回くらいデートするの？

「1回か2回。映画観たり、お酒飲んだり。そのあとは、ラブホテルね」

――SEXは好き？

「恥ずかしいけど、やっぱり嫌いじゃないと思う……」

――どこを触られると感じる？

「背中。ゾクゾクっと来ちゃう」
――好きな体位は？
「……正常位です」

彼氏が裕美子の白いブラジャーを外すと、小ぶりだが形のいい乳房が現れる。さらにスカートを脱がしたところで、再び公園でのイメージシーンにモノローグのテロップ。

ビデオに出ないかって言われたとき、私、とっても迷ったの。
でも、一度くらい経験してもいいんじゃないかと思って。
カメラの前で裸になるの
とっても恥ずかしかった。
でも、本当は私、結構、
目立ちたがり屋だから。

その後、バスルームでの入浴シーンを挟んで、いよいよベッドへ。
いきなりシックスナインの姿勢をとるものの、彼氏のペニスをくわえてのフェラチオはなく、すぐに背面座位で挿入。抑え気味の喘ぎ声に合わせて、街角での静止画がところどころにインサートされるのは、セックスシーンを3分以上続けてはいけないという当時のビデ倫の基準への対策だろう。
　屈曲位、座位、そしてバックと体位を変えて二人は交わり続けるが射精の描写はなく、突然公園での静止画になり、モノローグのテロップ。

私、結婚にあこがれています。
誰か私を、迎えに来て下さい。
お願い……。

『ドキュメント・ザ・オナニー』と『美少女本番』時代

　こうして『ミス本番・裕美子19歳』は終わる。沢木毅彦は彼女を「処女なんじゃないかと思うほどに清楚だった」と評したが、作中のテロップでは「それなりに」遊んでいる女子大生というプロフィールが語られている。もちろん、スタッフが勝手に作ったプロフィールかもしれないが、少なくともそうした女子大生像として田所裕美子を撮影し、ユーザーはそれを受け入れたということだ。決して、清純無垢な処女としては撮っていない。

この時期にはちょうど女子大生ブームが起きていた。青山学院に在籍していた川島なお美の人気に火をつけたラジオ番組『ミスDJリクエストパレード』（文化放送）が1981年から、そして女子大生アイドルグループ、オールナイターズを生んだテレビ番組『オールナイトフジ』（フジテレビ系）が1983年にスタート。また「私、やります、マスターベーション！」などと女子大生の本音をあっけらかんと語った『ANO・ANO』（JICC出版　1980年）も女子大生ブームの先駆けとなっていた。

「ちょっとエッチな女子大生」という女の子像が、エロの対象としてもリアリティを持っていたのだ。田所裕美子のプロっぽくない適度な清楚さは、そこにぴったりとはまったのだろう。

そしてもうひとつ、『ミス本番・裕美子19歳』が衝撃的だったのは、そんな可愛い女の子が「本番」を見せたということだった。

本番とは、実際にセックス＝挿入をすることを意味する言葉だ。現在の常識では、不思議に思うかもしれないが、当時のアダルトメディアにおいて、「本番」はかなりハードな行為、それこそSMやスカトロと変わらないくらいの行為だと考えられていたのだ。

1976年公開の大島渚監督作品『愛のコリーダ』によって「本番」という言葉は一

躍話題になったが、これは日仏合作映画だったため、日本映画としては1981年の『白日夢』（監督：武智鉄二）が最初の本番映画となる。この『白日夢』に出演し、本番女優として有名になったのが愛染恭子である。

愛染恭子は『淫欲のうずき』『淫乱館の失神夢』『めまい』『華麗なる愛の遍歴』『華麗なる追憶』（すべて日本ビデオ映像）といったAVに出演し黎明期に多くのヒット作を生んでいるが、これらの作品には『愛染恭子の本番生撮りシリーズ』とシリーズ名がつけられているものの、実際には本番をしておらず、成人映画と変わらない内容だった。本番で売った女優でも、ビデオごときでは簡単には本番はできなかったということだろうか。

そしてこれらの作品を監督していた代々木忠は1982年にAV史上に残る大ヒットシリーズを撮ることになる。それが『ドキュメント・ザ・オナニー』（日本ビデオ映像）だ。演技にすぎないカラミではなく、本当に女性がオナニーで感じている姿をドキュメントしたこの作品は、各巻2万本以上という空前のヒットを記録し、劇場でも公開された。

本気で感じている女性の生々しい姿を、そのまま映しとるというビデオ撮影ならではの特性を活かしたこの作品を撮ったのが、成人映画出身である代々木忠監督だったというのも、面白い。

そして、この作品が誕生したきっかけも、当時「本番」のハードルが高かったゆえのアクシデントだった。

愛染恭子で本番を撮ることができなかった代々木は、他に本番ができる女優を探していた。ようやく見つかったのが、西川小百合だった。

当初、代々木が考えていたのは本番シーンのあるドラマ物である。同時にメイキング用のサブカメラも回していた。カメラの前で本番をするということは女性にとっては大きな決意が必要だった。その心の迷いもドキュメントとして撮っておこうと考えたのだ。しかし、いざ本番となったときに、西川小百合はできないと言い出した。

撮影を中止するわけにはいかない。じゃあ、どうするかと押し問答するうちに、オナニーならできるという話になった。

つまり、『ザ・オナニー』がオナニーのドキュメントになったのは、偶然の産物だったのだ。

代々木忠は『ドキュメント・ザ・

「ドキュメント・ザ・オナニー　PART1
主婦・斉藤京子（25才）」
日本ビデオ映像　1982年

オナニー』の撮影当時を振り返ってこう語っている。

「それで実際に撮ったら、すごくいやらしいじゃない？　本気でオナニーしてくれて、ベトベトになってた。それまでドラマだったから、オナニーもセックスも形だけだったんですよ。カメラにどう映っているのかが重要で、こう見せればいいとか、喘ぎ顔はこうがいいとか、演技をさせてたんですね。当時はそれがいやらしいと思っていた。でも、オナニーを撮ってみたら、すごいんですよ。撮りながら、おれも勃《た》ってくるわけよ。で、振り返ると、あの子と会話でセックスしていたんだね。（中略）それまで、その子で撮ったドラマパートは全部没にして、メイキング用にまわしてたサブカメラをメインにしたんだ。オナニーをもっと見てみたい、もっと撮りたいと思って、とりあえず６～７人キャスティングして、立て続けに撮った。センズリを覚えたての男の子みたいに夢中になって（笑）」（『ＮＡＯ　ＤＶＤ』２００９年６月号　三和出版）

西川小百合を撮影した素材は『ドキュメント・ザ・オナニー　Part3　女高生　西川小百合』として発売された。Part3 となっているが、撮影は一番最初に行われたわけだ。結果的には、このドキュメント路線の生々しさが、演技のカラミに慣れていたユーザーの度肝を抜き、『ドキュメント・ザ・オナニー』はAV史上初の大ヒット作品となるわけだが、それも「本番」が当時の女優にとって、心理的に受け入れられないものであったゆえに生まれたものだったのだ。

80年代前半において、撮影で本番をするということは、それほど過激な行為だった。それを田所裕美子という清楚な美少女がするというのだ。男たちが飛びつくのも無理はなかった。『別冊宝島　1億人のAV』（宝島社）掲載のAVライター東良美季の原稿「『美少女本番路線』はこうして作られた」によれば、田所裕美子も彼女を宇宙企画に連れて来た男も素人だったため、業界の常識を知らなかったのだという。そのため、スタッフに言われるがままに本番撮影を受け入れてしまったのだろう。

それは、メーカー、そしてユーザーにとっても幸運なことだった。かくして『ミス本番・裕美子19歳』は大ヒット作品となり、宇宙企画のみならず他のメーカーも美少女本番路線を乱発することとなる。

宇宙企画が『ミス本番・あずさ19歳』『ミス本番　有希子20歳　…めぐり逢い』『ミス本番　絵美19歳　ふれあい』など『ミス本番』シリーズを次々と出せば、KUKIが『和子の本番』『あゆみの本番』『瞳の本番』といった名前＋本番のシリーズを、さらに『恋人交換ゲーム　レイプから本番!!』（VIP）、『本番レイプ・モデル無残』（コロナ）、

『ホントに本番』（ビデオサークル）、『本番ギャル in 六本木』（ボックスランド）など、とにかく本番をタイトルにつければいいとばかりに、「本番」ＡＶが溢《あふ》れた。

この頃になると、旧態然としたドラマにこだわった成人映画的なＡＶは、美少女本番路線に完全に圧倒され、姿を消していった。

そして、にっかつロマンポルノ自体も、１９８５年に本番やビデオ的な撮影を売りにした『ロマンＸ』路線をスタートさせたあと、１９８８年に制作を終了することになる。

アイドル化するＡＶ女優

１９８５年になると、ＡＶには数多くのアイドルが登場した。渡瀬ミク、吉沢有希子（早見瞳）、城源寺くるみ、永井陽子、早川愛美《まなみ》、菊池エリ、中川えり子、森田水絵、杉原光輪子《みわこ》……。彼女たちは素人っぽいムードの「普通に」可愛らしい女の子ばかりだったが、実際は渡瀬ミクは裏本、菊池エリは裏ビデオ、そして早川愛美はファッションヘルスで人気者だったなど、他ジャンルから転身して来た子が多かった。

これは、裏本や裏ビデオ、風俗でも素人っぽい可愛い子が増えていたということでもあるし、そしてそういう女の子が、よりステップアップするためにＡＶを選ぶという状況が生まれてきた証拠でもある。

『オールナイトフジ』や『TV海賊チャンネル』（日本テレビ系）などのテレビ番組や、週刊誌などに彼女たちが登場することも増えてきた。

ちなみにこの頃は、AV女優というよりも、ビデオギャル（ビデギャル）やAVギャルという呼び方が主流だった。

1986年には山口美和、杉原光輪子、森田水絵の3人が美光水（レイクス）として『SUNSET HIGHWAY』（センチュリー／キャニオン）でレコードデビューしたのを皮切りに、AV女優たちは次々と音楽活動を開始。彼女たちは学園祭などでも引っ張りだこになっていった。

AV女優のアイドル化が始まったのだ。それ以前にも、にっかつロマンポルノ女優の寺島まゆみが「ロマンポルノの聖子ちゃん」のキャッチフレーズで人気を集め、北原理絵、太田あや子とスキャンティーズを結成してレコードデビューしていたり、ノーパン喫茶のウェイトレスだったイヴが大人気になり、タレント活動を開始するといった例もあったが、AV女優のアイドル化は、それを上回る勢いで進んだ。

女優のルックスのレベルが上がるにつれ、AVの内容はソフトになっていった。女の子が可愛ければ、AVの内容がハードではなくても売れたのだ。黎明期のような本格的な作りではないもののカラミパートの少ないドラマ物も増え、再び主流になっていった。

その代表的な存在が、１９８６年に『卒業します』で宇宙企画からデビューした秋元ともみだった。高校時代からファッションモデルの仕事をしていた彼女は、まずグラビアでヌードを披露し、宇宙企画の兄弟会社である英知出版の雑誌で人気を高めていく。そして、全日本ビデオソフト協会主催によるビデオクイーンコンテストで審査員特別賞を受賞したあと、鳴り物入りでＡＶデビューに至った。

デビュー作の『卒業します』は、まだソフトなカラミ（本当にソフト極まりないものだが）が存在したが、第2作の『青空に星いっぱい』では、カラミどころかオナニーシーンすらない。着替えや入浴シーン、あとは、ところどころに入るイメージカットくらいしかヌードもないのだ。その中で一番ハードといえば、セーラー服のスカーフで後ろ手に縛られているという、ＳＭをわずかに連想させるシーンくらいだろうか。

これは、いったいＡＶなのだろう

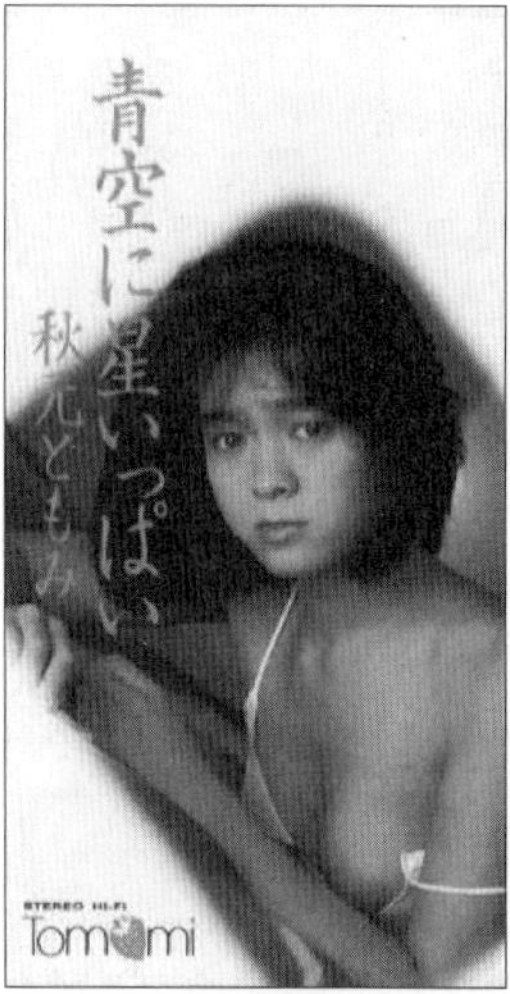

「青空に星いっぱい　秋元ともみ」
宇宙企画　1986年

か、と思うほどのソフトな内容だ。現在なら全年齢対象のイメージビデオとして扱われるだろう。

しかも、本作はＡＶでは異例の尾道10日間ロケが行われているのだ。さらに都内でも3～4日の撮影があったという。収録時間はわずか30分。

しかし、そんな作品が18禁のＡＶとして発売され、売れに売れたのだ。問屋もこれがなぜ売れるのか、首をかしげたという。

本作を監督したのは、さいとうまこと。ノスタルジックで日本的な美少女像を描くことを得意とした彼の作風が、そのまま黄金期の宇宙企画のカラーだといってもいいだろう。

「ビニ本みたいな露骨な世界は好きじゃなかった。だいたいカラミを撮るのが苦手なんですよ。でもどんなソフトでも売れたから、もう好き勝手にやってましたね。予算も青天井で、尾道で1週間くらいロケとか、思いつくままに撮って1年かかるとか。それで一切カラミはないんです（笑）。今じゃ考えられないですけど」（『アサヒ芸能』２０１３年6月13日号　徳間書店）

実際の秋元ともみも、おとなしいタイプではあったけれど、当時のインタビューによれば、高校時代にはディスコに通い、ちゃんと彼氏もいたという普通の女の子だった。

宇宙企画では、秋元のお姉さん的なスタンスだった早川愛美も、前述の通りに高田馬場のファッションヘルス嬢だったが、AVデビューにあたっては、経歴からその部分は一切削られた。

既に彼女はファッションヘルス界のアイドルとして有名になっていてテレビなどにも登場していたのに、臆面もなく、その過去をなかったことにするというのは、ちょっと驚いた。

さらに雑誌のインタビューなどでは、シモネタを禁止する女優も増えてきたのだ。AV女優なのに、である。

AVアイドルだけど清純。モデルプロダクションは、彼女たちをそんな存在に仕立てあげようとしていた。いずれは映画やドラマ、歌手など芸能界で活躍できるようなタレントに成長させたい。そう考えて、後々彼女たちのマイナスになるような性的なイメージは、なるべく避けたかったのだろう。

ルックスのいい女の子の作品は、内容がどんなにソフトであっても売れたのだから、その考えもあながち間違いでもなかったともいえる。

また、数年前にＡＶを盛り上げた「本番」も、ルックスのいい女の子たちはしないのが当たり前という状況に戻っていた。

この時期に最も人気が高く、初代ＡＶクイーンとも呼ばれた小林ひとみは、本番はしないということを公言していたほどだ。それでも彼女の出演作はよく売れたのだ。

また、今では信じられないかもしれないが、フェラチオをしないＡＶ女優も珍しくなかった。秋元ともみをはじめとする宇宙企画のトップアイドルたちはもちろん（なにしろカラミのない作品もあるほどなのだから）、１９８５年に『ねぇ、抱きしめて』（ＶＩＰ）でデビューした永井陽子がフェラチオを作品中で披露したのは１９８７年の『おクチ初体験』（現映社）が最初だ。つまりデビューから2年間はフェラチオをしていなかったことになる。それでも永井陽子は、この時期を代表するＡＶアイドルの一人だったのだ。

「清純派」美少女の終わり

宇宙企画は１９８７年に『ぼくの太陽』で、かわいさとみをＡＶデビューさせる。現役音大生だという彼女は、秋元ともみ以上に清楚で可憐《かれん》なイメージの女の子であり、『ぼくの太陽』も当然のように極めてソフトな内容の作品だった。

舌っ足らずな彼女の「ぼくは……」という少年視点のナレーションとともに描かれる初体験の物語。胸が締めつけられるような初々《ういうい》しさとノスタルジックなムードに溢れるさいとうまことと監督ならではの世界だが、抑えめの喘ぎ声と、あからさまに疑似だとわかるセックスの描写は、AVとしてはあまりにも物足りない。

それでも『ぼくの太陽』は大ヒットした。2万本以上をセールスし、AVオリコンビデオチャートで最高2位にランクインするという記録を打ちたてた。当時のAVは基本的にレンタルショップ向けで1本の定価が一万円以上もしたのだが、これは個人で買ったファンも多かったと推測される本数だ。

「ぼくの太陽　かわいさとみ」
宇宙企画　1987年

かわいさとみは、その後『七色の誘惑』『ふしぎな瞬間』というカラミもオナニーもないイメージビデオをAVとして発売したあとに、芸能界へと活動をシフトさせていく。『オールナイトフジ』へのレギュラー出演や、島崎和歌子主演の映画『乙女物語　あぶないシックスティーン』（1990年　バンダイ）への出演、さらには歌手として2枚のアルバムと3枚のシングルをリリースするなど、それなりの活動をしたのだが、その可憐で陰のあるキャラクターは芸能界では単に目立たない女の子にすぎず、大きな成功を収めることはできなかった。

80年代終わりから90年代にかけてのこの時期、芸能界では大きな変動が起きていた。おニャン子クラブや小泉今日子が、可愛らしくて従順という伝統的なアイドルのスタイルを破壊し、松田聖子や中森明菜はアーチストへの脱却をはかり、そして世間の注目は後藤久美子のような新しいタイプの美少女に向いていた。以降、アイドルは長い冬の時代を迎えることとなる。

もはや清楚な美少女像は、古臭いものとなっていたのだ。

もしかすると、清純なAVアイドルという矛盾した存在を支持し、『ぼくの太陽』をオリコンチャートへと押し上げたのは、伝統的なアイドルが不在となった若い男性の飢餓感だったのではないだろうか。

時代とずれてしまったとしても、やはり清純な美少女は必要なのだと。しかし、それが最も清純のイメージからは遠いはずのAVの世界で花開いたのは、皮肉というべきか。

かわいさとみのデビューをピークに、宇宙企画の清楚美少女路線も陰りを見せ始める。ハードな本番も嬉々としてこなす樹《いつき》まり子が新たなAVクイーンの座につき、巨乳ブームを巻き起こす松坂季実子を筆頭とする村西とおるのダイヤモンド映像軍団は、すべて本番、さらにフィニッシュは顔面シャワーを売りにして人気を集めた。

NHK大河ドラマ出演歴と歌手デビューの実績を引っさげてAV界に登場したのが桜樹ルイだった。アイドルそのものの愛くるしいルックスにもかかわらず、ダイヤモンド映像のハードな本番作品に出演。

AV業界は、どんなに可愛くても本番をこなすのが当たり前という状況に変わりつつあった。そうした美少女たちに押されて、宇宙企画は失速していった。

もっと過激なものを撮るように要求されたさいとうまこと監督は、宇宙企画を去り、兄弟会社の英知出版でイメージビデオを撮るという道を選ぶ。

そのさいとうまことのAVへの決別状ともいえるのが、小森愛の『廊下は静かに』（1990年　宇宙企画）だ。

小森愛は、宇宙企画黄金期の最後を締めくくったともいえる女優だったが、実際にはAVとして出演した作品は3本のみ。しかも第1作『愛が降ってきたよ』と第2作『Hallelujah』（ともに1989年）はカラミなしという、まさに宇宙企画の王道を歩んだ女優である。

最後の作品の『廊下は静かに』は、小森愛初のカラミが見られると話題になったが、予想通りにそれは極めてソフトなものだった。しかし『廊下は静かに』は別の面で強烈なインパクトをユーザーに与え、伝説の作品となった。

田舎の小さな学校で、ただ一人の女生徒である小森愛は、教師やクラスメートから毎日セクハラを受けていた。その中で小森愛と一人の少年は秘密の時間をわかちあう。端正で緊張感のある不穏なムードの映像が続く。

ところがラスト4分、小森愛が教室の黒板に「ロックンロール」と書きなぐると、物語は突然暴走し始める。突然グランジ風の演奏が鳴り響き、小森愛は泉谷しげるの『春夏秋冬』を口ずさみながら、ギターを振り回し、教師やクラスメートを撲殺していくのである。

血まみれになったセーラー服の小森愛が微笑《ほほえ》んで『廊下は静かに』は終わる。ラストシーンの小森愛の表情が、たまらなく美しい。

こうしてAVにおける美少女のひとつの時代が幕を下ろした。

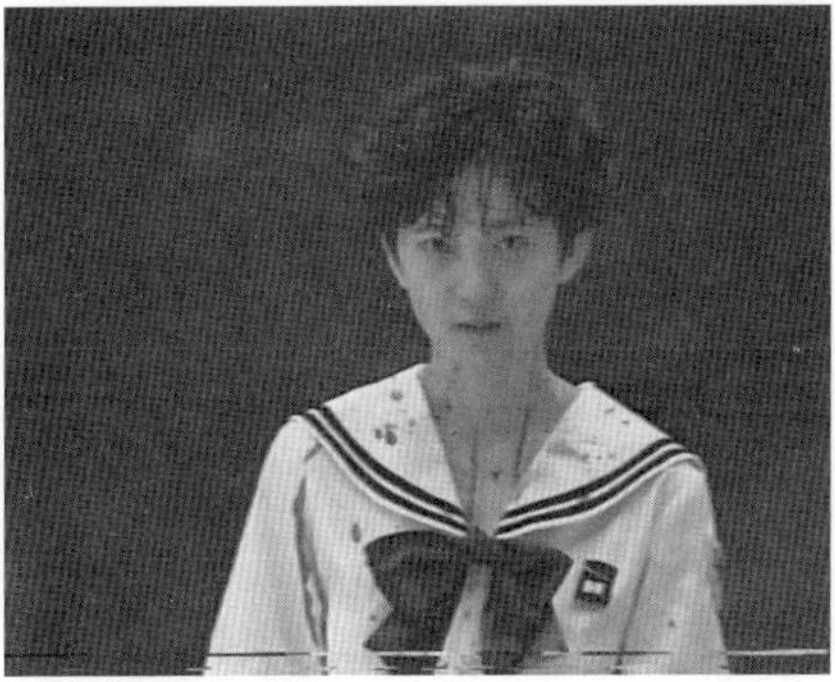

「廊下は静かに　小森愛」
宇宙企画　1990年

変質する美少女像

90年代に入り、バブルが崩壊するとＡＶ業界にも不況の波が押し寄せてくる。快進撃を続けていた村西とおるのダイヤモンド映像や、裏ビデオライターの大御所的存在であった奥出哲雄が鳴り物入りで設立したアロックス、そして出版業界から参入した大陸書房などが倒産。

さらにレンタルショップの閉店も相次いだ。これは、レンタルショップを税金対策として運営していた企業が多かったという裏事情もあった。レンタルされるビデオテープは、在庫ではなく消耗品として経理処理できたためである。それもバブル崩壊によって、運営する必然性がなくなったのだ。

レンタルショップの減少は、すなわちＡＶソフトの売上減少を意味する。

その一方で人気ＡＶ女優のギャラは高騰していたため、メーカーは安く制作できる企画物に力を入れるようになっていった。おりしも家庭用ビデオカメラの性能がアップしていたこともあり、少ないスタッフで機動力を活かした撮影のできる企画物は質・量ともに伸びていった。カンパニー松尾やバクシーシ山下といった若い監督のドキュメント系作品が注目されたのも、この頃からである。

朝岡実嶺《みれい》や白石ひとみなど、大物アイドルと呼べるような人気AV女優も次々と登場し、ルックスのレベルは80年代に比べて高くなっていたのだが、AV業界自体のパワーは伸び悩んでいるような印象があった。

その原因のひとつが、テレビの影響だった。1991年にスタートした『ギルガメッシュないと』（テレビ東京系）はAV女優たちが多数登場する深夜番組で、6年半にわたって放映された。あっけらかんとしたお色気が魅力の番組であり、AV女優たちが大胆に脱ぎまくり、絶大なる人気を誇った。特に、おおっぴらにAVを見ることのできない中高生男子には、かつての『11PM』（日本テレビ系）や『トゥナイト』（テレビ朝日系）以上に魅力的な番組だったのだ。

水谷ケイ、野坂なつみ、憂木瞳、矢沢ようこ、氷高小夜《さや》、麻宮淳子など、多くのAV女優がテレビの人気番組にレギュラー出演するというのは、AV業界の盛り上がりを象徴しているようにも思えるが、実は逆に『ギルガメ』に出ている女優しか売れない、という状況を生み出していた。テレビに出ている有名な女優にしか興味がないというユーザーが増えていったのだ。つまりテレビの側にAVの主導権を握られてしまったわけだ。

その象徴的な存在が飯島愛だ。Tバックのヒップを突き出すポーズでたちまち人気を集め、出演1年後には細川ふみえに代わって司会アシスタントへと昇格する。

ＡＶから芸能人へと転身した最大の成功例として語られることの多い飯島愛だが、実は『ギルガメ』では、飯島愛は最初からＡＶ女優としては扱われていなかった。『ギルガメ』出演時には、まだ彼女のＡＶ出演作は発売されていなかったため（撮影は済んでいたらしいが）、むしろ「あの『ギルガメ』の子がＡＶに出演！」という芸能人ＡＶ的な売りだし方になっていたのだ。

そしてＡＶ引退後には、彼女は「普通の」タレントとなり、ＡＶ女優であったことは「公然の秘密」として公には触れられなくなった。その状況は２０００年に彼女が著書『PLATONIC SEX』（小学館）でカミングアウトするまで続いた。

90年代に入ってもＡＶ女優がテレビや週刊誌などの一般メディアに登場することは珍しくなかったが、80年代のように下ネタを封印して「清純な」普通のアイドル、タレントとして売りだそうとする意識はなくなっていた。

テレビなどに登場する彼女たちは、あっけらかんとセックスを語る、性に奔放な女の子の役割を担っていた。それは後にＡＶ出演を隠すことになる飯島愛でも同じだった。

飯島愛に関しては象徴的なエピソードがある。英知出版から発売された最初の写真集『愛・ＭＹ・ＭＥ』（１９９２年）を見てみると、彼女は黒髪の美少女として撮られているのだ。いわゆる英知出版＝宇宙企画の王道である清楚な美少女そのものである。尻の軽そうなギャルという飯島愛のパブリック・イメージとは全く違う。

『PLATONIC SEX』を読む限り、実際の彼女は、中学時代から派手に夜遊びをしていた子であり、後のイメージの方が素に近いようだ。宇宙企画の女の子たちも、実際には派手に遊んでいたタイプの子も多かったのだが、清楚な子としてイメージを作りこんで売りだしていた。80年代後半はそれで売れたのである。飯島愛のときも、当初はその戦略で行こうと考えたのかもしれない。

しかし、飯島愛は茶髪・日焼け肌という正反対のギャル路線で大成功した。これは、宇宙企画が作り上げてきた清楚な少女像の敗北といってもいいだろう。そして90年代以降、宇宙企画は迷走することになる。

「愛·MY·ME 飯島愛」
英知出版 1992年

ブルセラ少女たちの暴走

90年代における少女のイメージを大きく変える出来事があった。ブルセラブームである。

ブルセラとはブルマー・セーラー服の略であり、女子中高生の使用済の制服や下着を販売する店をブルセラショップと呼んだ。

ブルセラの語源は『熱烈投稿』（少年出版社　現コアマガジン）の投稿ページ「月刊ブル・セラ新聞」といわれている。現在、エロ漫画評論家として活躍している永山薫が手がけていたコーナーで、その命名は当時の編集長によるものだった。

ショップ自体は80年代後半から存在したが、全国的なブームとなったのは90年代に入ってからである。

さらにテレクラや伝言ダイヤルのブーム、ポケベルが普及したことなどから、女子高生が密かに第三者の大人の男性と接触しやすくなり、軽い気持ちで売春＝援助交際に

「熱烈投稿 1985年8月号」
少年出版社

手を出す子も増えていった。

社会学者の宮台真司によれば、1992年からブルセラ・援交ブームは始まり、1996年にピークを迎えたという（『制服少女たちの選択』文庫増補版あとがきより）。

エロ雑誌でも『熱烈投稿』の他に『スーパー写真塾』（少年出版社）、『台風クラブ』（東京三世社）などのA5判サイズの雑誌がブルセラ方面をメインテーマに据えて、積極的に女子中高生のグラビアを掲載した。

未成年であるため、ヌードにはさせられないものの、乳首や性器がかろうじて隠れる程度の極小の水着を着せたり、泡でその部分を隠したりという、00年代に流行する着エロのような過激な写真も多かった。

それはオールヌード以上に卑猥《ひわい》な印象があり、80年代に宇宙企画＝英知出版が紡ぎあげてきた清楚な美少女像とは、全く対極にあるものだった。

コギャルの誕生

さらにこの時期に、新しい少女像が生まれている。コギャルである。

茶髪や茶色く焼いた肌に、ミニスカなどの露出度が高い服装の派手なファッションの女の子の総称で、ディスコの黒服たちが、高校生ギャル＝高ギャル＝コギャルと隠語で呼び始めたのが語源だといわれている。その少し前から流行っていた「ボディコンギャル」「オヤジギャル」などの「……ギャル」ネーミングの流れから来るものだ。「コギャル」の名称はマスコミでは１９９３年頃から盛んに使われ始めている。

　コギャル＝ギャル文化を決定づけたのが雑誌『egg』である。１９９５年にミリオン出版から創刊されたファッション誌だ。ミリオン出版は、『S&Mスナイパー』『URECCO』『Cream』などを創刊したアダルト系に強い出版社だが『egg』は女性向けであり、いわゆるエロ本ではない。ただし、露出度の高い写真も多く、セックス関係の記事も多いので、エロ本として読んでいた男性も少なくなかったようだ。

　しかし、アダルトメディアがギャルを性の対象としてとらえるようになるには、意外に時間がかかっている。

「egg 1995年9月号」
ミリオン出版

ギャル系のエロ雑誌の代表的存在である『チョベリグ!!』（東京三世社）の創刊は1997年と比較的早めだが『egg』を出していたミリオン出版もギャル専門のエロ雑誌『URECCO gal』は2001年創刊とブームのピークからはだいぶ遅れている。

AVの方はさらに反応が鈍かった。90年代にギャル＝コギャルをテーマにした作品は、極めて少ない。

『女子校生クラブ　コギャル大集合』（アイビック　1994年）、『コギャル　ニャンニャンクラブ』（ホップビデオ　1995年）といった企画物がいくつか存在はしていたが、探すのに苦労するほどだ。

90年代末になると少し目立つようになり、1998年からは『ROXY GIRL』（桃太郎映像出版）、2000年からは『素人コギャルズMANIAX』（V&Rプランニング）のような人気シリーズも生まれるが、この頃のギャルの描かれ方は、性にも生活にも奔放すぎる「ちょっと変な子」というイメージが強かった。

『素人コギャルズMANIAX』を監督した竹本シンゴ（現ROCKET社長）は当時をこう振り返っている。

「まぁ、コギャルって当時は汚いって差別されているような人たちだったから、被写体的には面白かったですね。（中略）風呂に入らない子とか、山ほどいましたね。汚くても全然苦にならないらしくて。実はその頃、僕もギャルとつきあってたんですけど、その子、性病を3年くらい放置していて、すごいことになってた。病院に行かせたんですけど、薬を12時間後に飲むようにといっても、その時間がわからない（笑）。お酒飲めなくなるから、薬飲みたくないとかね。ホント、動物ですよ。撮影しても動物の交尾を見てるみたい」（『NAO DVD』2008年8月号）

コギャルからギャルへ

21世紀に入ると、コギャルはお姉さん系ファッションと結びついて、ギャルと呼ばれるようになり、かつての過激度は薄れた。年齢層も高校生にとどまらず、グッと広がった。

泉星香《せいか》、鏡麗子などのギャル系の人気企画女優も登場し、また及川奈央や小沢菜穂などのアイドル系の女優も茶髪にすることが珍しくなくなってきた。

そしてギャル系AV女優として空前のブレイクを見せたのが紅音《あかね》ほたるだった。

初期は秋月杏奈の名で黒髪のロリ系女優として活躍したが、後に紅音ほたるに改名し、ギャル系へとイメージチェンジして、大ブレイクを果たす。

彼女のイメージチェンジは事務所に無断で本人が勝手に行ったのだが、それで仕事が減ると思いきや、むしろ人気が出たのだという。

これは、00年代に入って巻き起こった痴女ブームの影響も大きいだろう。明るくノリがよくセックスに積極的だというギャルのイメージと、男を責めることが好きという痴女のキャラクターは相性がよかった。

キュートなルックスなのに関西弁で淫語をまくしたてる紅音ほたるはたちまち超人気女優となった。彼女の代名詞ともいえる派手な潮吹きもまた強烈なインパクトがあった。

２００６年度にはＡＶ専門誌『オレンジ通信』（東京三世社）のＡＶアイドル賞を受賞している。１９８５年から始まったこの歴史のある賞で、ギャル系女優が受賞するのは、初めてのことだった。

また２００５年12月に第１作がリリー

「WATER POLE」
プレステージ　2005年

スされたプレステージの『WATER POLE』シリーズもギャルAVの流れを大きく変えた。

「これが出る前っていうのは、いわゆるギャル物のAVって、ほとんどなかったんです。でも、うちの会社のスタッフにはギャル好きが多かったし、自分の周りでもギャルはいいよねって声はよく聞いたんです。もちろん僕もギャルが好きでした。（中略）でもAVでは依然として黒髪美少女が主流でしたね。モデルでもギャルの子は、面接のときには髪を黒くしてメイクも変えさせて連れてくるんですよ。自分のポリシーでギャルのまで来る子もたまにいるけれど、そういう子は大人数の企画もののうちの一人とかね。ギャルの子って、そういう扱いだったんです」（『NAO DVD』2008年8月号）

プレステージの社員監督であるTAKERUはギャルにもニーズがあるに違いないと『WATER POLE』を企画した。

「最初は1本で終わるかなと思って好きに撮ったんですよ。ギャルだけど人気のあったMARINを起用して、かっこよくスタイリングして。パッケージの写真があがりてきたら社内でも評判がよくてシリーズ化しろって言われたんです」

『WATER POLE』第1作のパッケージは、ビキニに超ミニのデニムスカートを穿いたMARINが大股開きで豹柄のショーツを見せつけているというワイルドなものだった。小麦色に日焼けした肌がテカテカと輝いて、なんともセクシーである。

「もともとCDとかDVDのセクシーなジャケットにドキっとする方だったんですよ。ああいう風にかっこよく写っている子がエッチを見せてくれたら最高でしょう?」

キャッチコピーは「時代はギャル」。TAKERU監督の狙いは的中し、『WATER POLE』は大ヒットシリーズとなり、その後100作を超えて制作された。ギャルを求めるAVファンは、予想以上に多かったのである。

ニーズはあったのに、AV業界はそれに気づいていなかったのだ。女の子は清楚な黒髪が一番だという思いこみが業界の中にも強かったわけだ。

2007年1月には、初のギャル専門メーカーのkira☆kira、そして6月にはGARCONが誕生する。ギャルは完全にAVのジャンルとして確立されたのだ。

少し戻るが2005年にデビューした倖田梨紗も忘れてはいけない存在だ。老舗《しにせ》AVメーカーであるh.m.p（発足時はSAMM、芳友舎）が初のギャル系専属女優として売りだした。それまで企画女優ではギャル系の人気女優はいたのだが、メーカー専属の単体女優としては彼女が初めてだった。

倖田梨紗を専属にしたことについて、h.m.pの荻野プロデューサーはこう語っている。

「実は倖田が最初面接に来たときは、細いし黒いしギャルだしで、単体は無理だと思ったんですよ。実際に他のメーカーでもこの子は企画でしょうって言われたらしいんですね。でもその頃、うちでも青山可奈や瀬戸由衣といったお姉さん系が売れてきていたので、試しにやってみるかという感じでデビューが決まったんです。正直言えば、最初は期待してなかったんです。（中略）業界的には単体でギャルはありえないだろうと、ずいぶん反対されましたが、その一方で企画物ではギャルは固い売上があったので、ニーズはあるだろうと思っていました」（『NAO DVD』2008年8月号）

そして倖田梨紗には、メーカーの予想を超えた反響があった。出演作は軒並みヒットし、男性誌のグラビアを次々と飾り、ギャル系単体女優のはしりとなった。AV引退後の2008年に覚醒剤と大麻で逮捕されて、違う意味でも知名度を上げてしまったのは残念な話ではあったが。

ギャルという幻想

ギャル文化自体は、21世紀に入ってからは白ギャルと呼ばれる、やや落ち着いたファッションとナチュラルメイクがメインとなり、どんどん薄まって一般化していった。2006年に創刊した『小悪魔ageha』（インフォレスト）のようにギャル文化とキャバクラ嬢文化が結びついて過激化した例もあったが、それも00年代いっぱいでピークを過ぎ、2014年には出版元の倒産により休刊。さらに同時期にギャル文化を先導して来た『egg』や、その他の主要なギャル系雑誌も相次いで休刊、もしくは路線変更を余儀なくされている。

街でも、かつてのようなわかりやすいギャルは、すっかり見かけなくなってしまった。しかし、AVでは今でもギャル物は作られている。kira☆kira、GARCONといったギャル専門メーカーも健在であり、2015年に作られたギャル物AVは600タイトル以上。ひとつのジャンルとして完全に定着しているといえよう。

ＡＶにおけるギャル人気の理由はどんなところにあるのだろうか？

派手で露出度の高い服を着ていてノリが軽いので、すぐにやらせてくれそう、セックスに積極的というイメージがギャルにはある。もちろん実際のギャルの全員がそんな軽い女の子というわけではない。

「僕、ギャルは好きなんですけど、一度もつきあったことはないんです。難しいんですよ、ナンパするのも。この子たちは彼氏はこうじゃなくちゃダメというビジョンがある。例えばギャル男じゃなきゃダメとか（笑）。それで意外に彼氏一筋だったりするわけです。普通のＯＬの方がよっぽど軽いですよ」（『ＮＡＯ　ＤＶＤ』２００８年８月号）

とkira☆kiraの中村プロデューサーが分析しているように、ユーザーが持っているイメージと実際のギャルにはズレがある。

そしてギャル物が好きなユーザーというのは、あまりギャルとは縁がないタイプが多いのだという。ギャル物を見るのは、実際にギャルとつきあっているギャル男ではないのだ。

ＡＶで描かれるギャルは、男の妄想の中のギャル像なのである。だから現実では姿を消してしまったわかりやすい派手なギャル（黒ギャル）も、ＡＶの中では今も健在なのだ。

ヘア解禁とインディーズビデオの台頭

話を少し前の時代に戻そう。90年代後半にＡＶ業界には大きな変動があった。セルビデオの台頭だ。それまでＡＶとは基本的にレンタルショップで借りて見るものだった。そしてレンタルショップで取り扱ってもらうにはビデ倫の審査を受けることが条件であった。

つまり「レンタルショップ向けに作られたビデ倫審査済の成人向けビデオソフト」がＡＶの定義だったのだ。

裏ビデオや、消しの極めて薄いシースルービデオ、ＳＭやスカトロなどの通販用ビデオなども存在したが、それはあくまでもアンダーグラウンドなものであったり、一部のマニア向けのものにすぎなかった。

それが90年代半ばにビデオソフトを安価で販売するセルショップが急増したことから、新たな市場が生まれ、販売用のＡＶが数多く作られるようになった。

こうした販売用ＡＶは当初はインディーズビデオと呼ばれ、通常のＡＶとは区別された。インディーズビデオは4千円から1万円という価格で販売され、レンタルで1本3000円ほどで見ることのできる通常のAVに比べるとユーザーにとってはかなり高価だった。

しかし、それでもインディーズビデオはレンタルAVに対して大きなアドバンテージがあった。それが陰毛＝ヘアだった。

1991年の篠山紀信写真集『water fruit／樋口可南子』（朝日出版社）を突破口として、写真集や雑誌の世界ではヘア表現が実質的に解禁されていた。未成年もコンビニで立ち読みできる週刊誌のグラビアでもヘアが露出しているのに、成人向けであるAVでは、依然としてヘアには大きなモザイク修正がかけられていたのだ。これはビデ倫が頑としてヘア露出を認めなかったからである。ちなみにビデ倫のヘア規制は2006年まで続いた。

インディーズビデオは、ビデ倫の審査を受けていないためにヘア、そしてアナルを露出させることができたのだ。

既存のレンタルAVメーカーは、インディーズビデオを「いかがわしいもの」として見ていた。AV雑誌に対して、レンタルAVをインディーズビデオと同じページで扱わないように圧力をかけたという噂も流れたほどだし、インディーズメーカーで仕事をしたスタッフは、ビデ倫系メーカーでは出入り禁止になった。

ＡＶ女優にしても、人気の単体女優はレンタル系メーカーが押さえているために、インディーズメーカーは、無名の企画女優や、既に人気のピークを過ぎた女優を使うしかなかった。インディーズで仕事をするようになった女優は「レンタル落ち」と呼ばれた。

１９９８年には、森下くるみがインディーズの中でも大手メーカーであるソフト・オン・デマンドから専属女優としてデビューを果たし話題となる。事実上、初のインディーズから生まれた単体女優だった。

デビュー作『うぶ』では、タイトル通りに初々しく垢抜けないが愛らしい少女だった森下くるみだが、作品を経るごとにルックスも洗練されていき、２００８年まで10年にわたってトップ女優として君臨した。デビュー翌年には『オレンジ通信』の１９９９年度ＡＶアイドル賞を受賞。インディーズ出身のＡＶ女優が受賞するのは、もちろん初めてのことだった。

しかし、森下くるみのあとが続かなかった。インディーズ生え抜きの人気単体女優が登場するのは、紋舞《もんぶ》らんと南波杏がムーディーズからデビューする２００２年まで間が空くことになる。

その間、インディーズビデオを支えたのは、企画女優だった。

キカタンブームの到来

ここで単体女優と企画女優の定義を説明しておこう。

単体女優とは、もともとはその子の名前で作品が撮れる女優を指す。いわゆるＡＶアイドル的な女優だ。その語源は、エロ雑誌のグラビアやビニ本において、可愛い子の場合はヌードのみの「単体」で勝負できるが、ルックスが劣る子は「カラミ」をしなければならなかったという状況から来ている。そこから人気のあるＡＶ女優を指す言葉として定着した。

00年代以降は、メーカーと専属契約を結んでいる女優を単体と呼ぶようになったが、それ以前は単体女優も複数のメーカーに出演していたため、その基準は曖昧であり、所属するモデル・プロダクションが「この子は単体」という売りだし方をすれば単体女優という程度のものだった。

一方、企画女優は企画物に出演する女優を指す。企画物は多くの場合、企画女優を複数起用するため、それと対比するために、一人で一作撮ることができる女優を単体女優と呼ぶようになったという説もある。

企画女優は素人役などが多く、作品中やパッケージなどに女優名がクレジットされることもあまりない。

インディーズビデオ市場が成長し、本数が増えていくと企画女優の活躍の場も広がった。当時はインディーズには単体物が少なく、そのほとんどが企画物だったためだ。

そんな中で人気のある企画女優も生まれてきた。これは急速に普及が進んだインターネットの影響も少なからずあったように思える。

メーカーや雑誌などがプッシュすることによって意図的に人気を作ることができる単体女優と違って、ほとんど情報のない企画女優の人気に火がつくのは口コミでの拡散に限られる。それまでは限られた仲間内の間でしかやりとりされることがなかった無名の女優の情報がインターネットにより交換され、飛躍的な範囲に拡散されるようになったのである。

そして企画女優の中から、その子の名前で作品が売れるという人気の女優が出てきたのだ。彼女たちは企画単体女優と呼ばれるようになった。通称キカタン。

キカタンブームが頂点に達した２００１年度の『オレンジ通信』ＡＶアイドル賞の結果は象徴的だった。

ＡＶアイドル賞は長瀬愛。１９９９年発売のオーロラプロジェクトの『純情女子高生ゆうか18才Cカップ』で人気に火がつき、たちまちインディーズビデオのトップアイドルになり、レンタルＡＶにも数多く出演した。小柄で愛くるしいロリータ系のルックスながらも、騎乗位での激しい腰使いが話題となり、２００３年には『長瀬愛物語――騎乗位の天使』（画：近石雅史　マガジン・マガジン）なる自伝的コミックまで発売された。

さらに2位が笠木忍、6位が七瀬ななみ、9位が桃井望、10位が長谷川留美子と、インディーズを中心に活躍するキカタン女優がベスト10の中に5人もランクインしていたのだ。

21世紀の到来とともにＡＶの勢力地図が大きく変わろうとしていた。

このインディーズの台頭は、成人映画の女優やスタッフを使えなかったがゆえに独自の発展を遂げた初期のＡＶの状況と重なる。成人映画は、やがてＡＶによって駆逐されてしまうのだが、その同じ道をレンタルＡＶもたどることになる。

キカタンブームのころに人気のあった女優としては、他にエキゾチックな美人系の朝河蘭やギャル系のうさみ恭

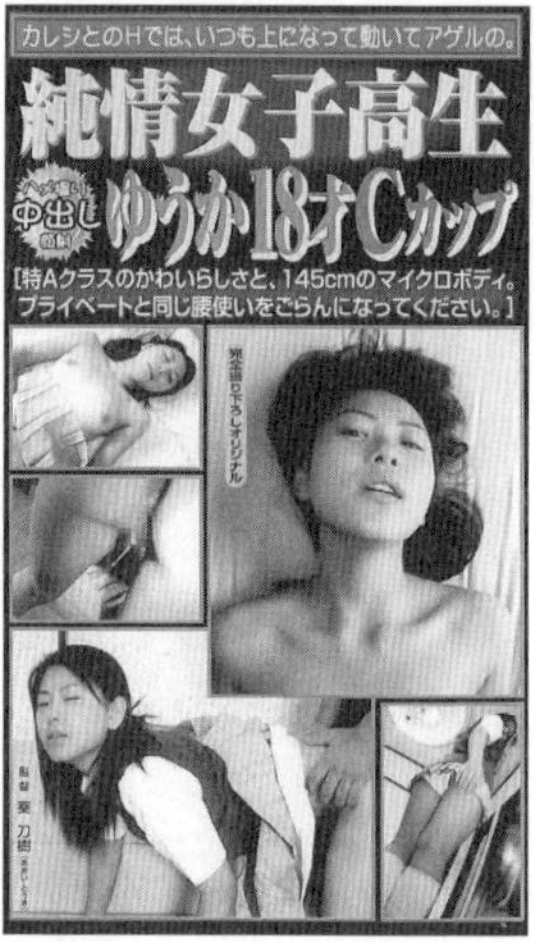

「純情女子高生ゆうか18才Cカップ　ゆうか」
オーロラプロジェクト　1999年

香、痴女系の坂口華奈などもいたが、キカタン四天王、もしくはインディーズ四天王と呼ばれたのは、長瀬愛、笠木忍、桃井望、堤さやかというロリータ系の女優だ。彼女たちの出演作は、ほとんどが制服姿による女子高生物だった。

しかし女子高生といっても、80年代の英知出版＝宇宙企画が描いていた清楚な美少女像とは違い、明るくて性にも積極的な女の子、あるいは援助交際のネガティブさを感じさせる女の子といった役柄が多かった。それは90年代のブルセラブームを通過した、現代的にアップデートされた女子高生像だといえよう。

同じ女子高の制服でも、80年代の宇宙企画の少女たちがセーラー服を着ていたのに対して、キカタン少女たちはブレザーがメインだったというのが象徴的だ。

ちなみにビデ倫では未成年を意味する「女子高生」の表記は認められていなかったため「女子校生」と書かれることが多かったが、インディーズビデオでは「女子高生」表記がそのまま使われた。もちろん本物の女子高生ではないのだが。

凌辱される少女たち

00年代を迎えたこの時期には、美少女ゲームや美少女漫画などの二次元方面でも「妹萌え」ブームが起きている。それとリンクする形でAVでも妹のイメージを打ち出した作品が増えていった。

幼くていたいけな少女が「お兄ちゃん」を連発する内容のもので、明らかに設定を小学生にしたものも少なくなかった。

こうした作品で活躍したのが倉本安奈、竹内優美子、酒井里美といった超童顔の企画単体女優たちだった。彼女たちは演技もうまく、またSMやスカトロなどのハードなプレイまでこなしたため、それらの作品はこんなに幼い（そう見える）女の子が「ここまでするのか」と驚かされることが多かった。

その後、及川奈央や夏目ナナといったナイスバディ系や立花里子《りこ》などの痴女系の女優に人気が移るようになると、ロリ系AVの勢いも陰りを見せるが、それでも2005年に笠倉出版社の専属女優となった早川凛《りん》など、ロリータ的なイメージを打ち出した女優は熱心なファンの支持を受けていた。

また、筆者が監修を務めたアダルトビデオ30周年記念プロジェクト『AV30』の一環として実施されたオールタイムAV女優人気コンテスト（2012年実施）で見事に1位を獲得した永遠のロリータ女優、つぼみもこの時期にデビューを飾っている。

過激な凌辱《りょうじょく》プレイに定評のあるナチュラルハイも、その対象となる犠牲者の設定年齢を女子高生よりも、さらに下げた作品をリリースする。２００６年に開催されたＡＶメーカー対抗戦のイベント『第1回ＡＶオープン』では、その撮り下ろし第1作である『痴漢○学生』が売上3位という好成績を収めた。

また、同イベントではハマジムの『少女は挿入される生き物』もエントリーされている。いかがわしく危険なムードと美しい映像、意表をつくドキュメント性でロリＡＶというジャンルに独自のアプローチで挑んだ佳作だった。こちらも新人監督によるチャレンジステージで2位という売上を記録した。

そしてその『少女は…』を撮ったＨ・Ｈ監督は２００６年の年末に『ＡＬＩＣＥ　あずき』（ハマジム）をリリースし大ヒットを記録する。『ＡＬＩＣＥ　あずき』は、人形のような無機質な少女のパッケージ写真のインパクトが強烈な作品だった。

幼い体型と透き通るように白い肌、そして舌っ足らずな声と、ロリータのイメージそのままの女優、辻あずきが父親に肉体を弄ばれながらも性に目覚めていく姿を描いた背徳的

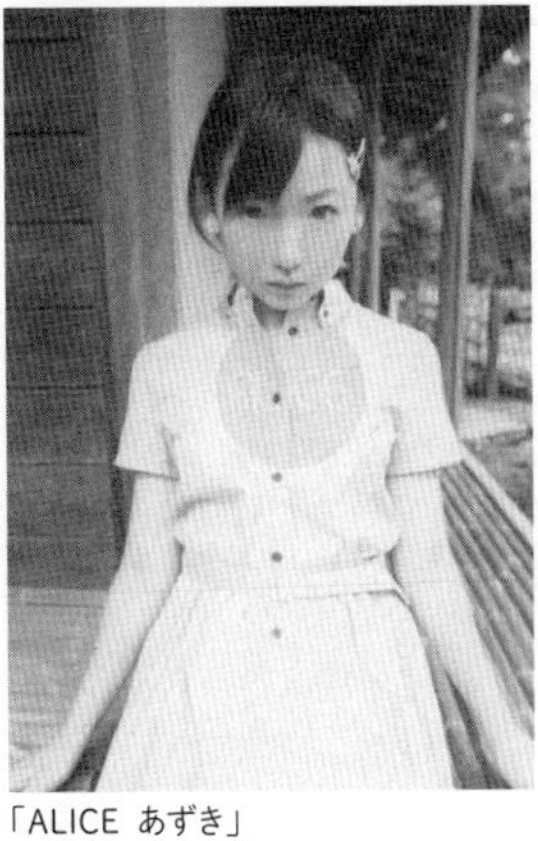

「ALICE あずき」
ハマジム　2006年

なカラーを持った内容である。

この時期、『ＡＬＩＣＥ　あずき』のヒットを追うように幼い少女を主人公にした設定の作品が数多く作られた。

ギャル物や『じゅーだいいえで体験記』や『ウリをはじめた制服少女』など援交女子高生物のイメージが強いプレステージも、さらに下の年齢の少女をイメージした『ＤＡＩＳＹ』というシリーズをリリースしている。いたいけな少女が汚されてしまうという内容で、常に地方が舞台になっている。

プレステージの高橋プロデューサーは、『ＤＡＩＳＹ』シリーズについてこう語っている。


「やっぱりロリというのは、純粋で汚れていないというところに魅力があると思うんですよ。昔はそれが女子高生だったんですが、今はヘタしたら一番セックスしている時期でしょう（笑）。だから清純なイメージを出そうと思ったら、その下の年齢に設定しないとリアリティが出ない。そして東京に住んでる子は純粋じゃないというイメージがありますよね。ブランド物着てるとか。そういう意味で田舎の子の方が素朴で清純な感じになるかなと思って、このシリーズは全部地方で撮影しています」（『ＮＡＯ　ＤＶＤ』２

008年7月号）

少女に清純を求めるとすれば、もう高校生、いや中学生でもそのイメージは作りづらくなっているということだ。

どこにもいない幻想の少女を求めて

00年代半ばにには本物の女子小学生がTバックなどの過激な水着を見せるといったU15（15歳以下）のイメージDVDのブームが起きている。14歳とは思えない過激な露出度の水着姿を披露してブレイクした仲村みうのあとを追うように12歳でTバック姿を見せつけた泉明日香、三花愛良《あいら》といった小中学生モデルが次々と登場。そのあまりの過激さは社会問題にまでなった。

80年代のロリータビデオのようにヌードはないのだが、ほとんど着エロといえるような露出度で、下手なAVよりも卑猥に見える作品も多い。

しかし、こうしたU15ブームとAVの疑似ロリのブームはあまりリンクしていない。ブルセラブームや援交裏ビデオブームなどでも同じだが、疑似ロリAVと現実のロリータ（少女）は、全く別なものなのだ。

性の商品化に対して自覚的な現実の少女とは違って、ＡＶの中の疑似ロリータは、あくまでも無垢でひよわな存在だ。

実際には18歳以上の女性が演じているのだから、いわば架空のキャラクターであり、どこにもいない幻想の中の存在だ。むしろ二次元の少女キャラに近い。

実はロリ系の女優は素のキャラクターがパブリックイメージとは、かなり違う子が多い。筆者が取材や撮影などで出会った彼女たちはみんな作品内とは別人のようだった。他のタイプの女優よりも、サバサバとした性格で、実年齢以上に大人っぽかったりもする。

しかし、カメラが回ると彼女たちは、いきなり見事にロリータを演じて見せる。いわゆる「仕事ができる子」が多い。

童顔で幼児体型である彼女たちは、年齢より幼く見え子供扱いされて来たために、よけいに背伸びしたいという意識が強かったのではないだろうか。だからこそ仕事の場では割りきって、求められる架空のロリータを演じきることができるのだ。

ＡＶで描かれるギャルが、男の妄想の中のギャル像であるということを先に述べた。そういう意味では、ロリータもギャルも、どこにもいない架空の存在であるという点では同じなのだ。

また、紅音ほたるや大塚ひな、水嶋あいのように、ロリ系の女優が突然、ギャル系に転身してしまうことがある。逆に南梨央奈《りおな》のように最初はギャル系だったのに、ロリ系に転身する例もある。

対極に思えるこの二つのタイプが実はよく似ているという証拠だ。

ＡＶはその黎明期から、現実と妄想の狭間《はざま》を行き来しつつ、どこにもいない幻想の少女を追いかけ続けているのかもしれない。

第二章 発見された熟女

増大する熟女マーケット

現在、日本ではどれくらいのAVが発売されているのだろうか。日本最大のAV販売サイトであるDMM.R18で調べてみると、2015年3月中に発売されたAV（DVD）は2087タイトルだった。1ヶ月に2000タイトル以上が発売されているのだ。単純に12倍してみると、年間発売タイトルは約2万4千タイトルということになる。一日あたり約65作。ちょっと信じがたい数字だが、DMM.R18で取り扱われていないAVや、ネット配信のみの作品も少なくないため、実際の数字はさらに増えるはずだ。

そして現在のAVの中で、最も人気の高いジャンルが「熟女・人妻」物だ。アダルトメディアでは、熟女と人妻をひとくくりにして扱うことが多い。熟女とは、もともと45歳から65歳までの年齢層を指す「熟年」という呼称から派生した言葉だが、アダルトメディアでは、30代以上の女性を指すことが多く、ときには20代後半まで含むことがある。これは日本のアダルトメディアの作り手が18歳から20代前半までの「未婚の若い女性」を性の対象のメインストリームだと考える傾向が強いためで、「熟女・人妻」は「それ以外の女性」という意味もあるのだ。そのため、専門メーカーや専門誌も熟女と人妻の両方を扱うことがほとんどである。熟女であるか、人妻であるか、あるいはその両方の属性があれば、このジャンルに含まれるということだ。

DMM. R18で2015年3月中に発売されたAVのうち「熟女」もしくは「人妻」のタグがつけられた作品は653タイトル。つまり全体の30％以上が熟女・人妻をテーマにした作品ということになる。「美少女」のタグがつけられた作品が251本ということから見ても、圧倒的な多さであることがわかるだろう。

雑誌の方はもっとすごい。Amazonで2015年3月中に販売されたエロ雑誌（漫画誌、風俗情報誌、小説誌、ゲイ雑誌を除く）68誌のうち、熟女・人妻をメインに扱っている雑誌は35誌。なんと半分以上が熟女・人妻誌なのだ。

現在のアダルトメディアは、熟女・人妻が支えているといっても過言ではないだろう。しかし、アダルトメディアでは熟女・人妻は、長いことまともに扱われることはなかったのである。

熟女・人妻から始まった戦後のエロ

ライターの松沢呉一が熟女をテーマに書いた『熟女の旅』（1999年　ポット出版）によれば、戦後の日本のエロは熟女・人妻から始まったのだという。

「（前略）終戦後、一挙に崩壊した性のモラルの中から、いわば階級制や軍事体制の崩壊をも示唆した『H大佐夫人』が槍玉に挙がり、やがて夫婦間のものに揺り戻しつつ、より積極的な快楽を求めた『夫婦雑誌』の時代が始まり、さらには経済的な余裕が出てきた中で、今度は夫婦という枠組みから逸脱することに欲情する『人妻』の時代となったというわけだ。一方でBG、女学生というのも性のキーワードではあるのだが、エロキーワードの王道は、なんといっても『人妻』『未亡人』であったのだ」

（『熟女の旅』）

70年代になると、エロの対象は人妻に代表される成熟した女性と、女子大生や女子高生といった若い女性が混在する状況となる。

1971年にスタートした日活ロマンポルノの第1作が白川和子主演の『団地妻・昼下がりの情事』であり、その「団地妻」シリーズや『東京エマニエル夫人』（1975年主演：田口久美）や『鎌倉夫人　童貞倶楽部』（1975年　主演：宮下順子）のような人物も数多く作られていたが、その一方で『女子高生レポート　夕子の白い胸』（1971年　主演：片桐夕子）や『残酷　女高生（性）私刑』（1975年　主演：東てる美）のような女子高生物も少なくない。

ピンク映画のスチールカメラマンだった津田一郎の著書『ザ・ロケーション』（1980年　晩聲社）の巻末に掲載されている「1978年下半期・1979年上半期に公開されたピンク映画一覧」を見ると、84作品のうち、人妻を思わせるタイトルの作品は10作、女子高生・女子大生など若い女性を思わせるタイトルも10作と、だいたい同じくらいだ。

1974年には五月みどりが『平凡パンチ』のグラビアでヌードを披露して世間を驚かせた。五月みどりは60年代に『おひまなら来てね』などのお座敷ソングをヒットさせた女性歌手だったが、1965年の結婚を機に引退状態となり、1971年に離婚すると芸能界にカムバックした。ヌードを公開した時の五月みどりは34歳で二児の母親だった。

このヌードグラビアは大きな話題となり、1975年には東映のポルノ映画『五月みどりのかまきり夫人の告白』に出演し、元祖熟女スターの座に着く。

「団地妻　昼下りの情事」
日活　1971年

しかし、この時期はまだ「熟女」という言葉は広まっていない。このキーワードが一般的になるのは80年代に入ってからである。

AV黎明期の「人妻」たち

AVでも黎明期には人妻物は重要なテーマのひとつだった。

1982年の『ビデオプレス』創刊号（6月号）掲載の「生撮りカタログ」を見ると『浮気妻の淫謀』（現映社）、『団地スワップ／愉悦のたくらみ』『団地妻／とても、さびしかったの』『新婚さん淫らな夜毎』（大映）、『淫欲夫人／痴戯に乱れて』（東映芸能ビデオ）、『団地夫人／舌技に泣く』（東宝）、『団地妻・濡れた寝室』『新婚白書／失神クライマックス』（にっかつ）、『団地妻／真昼の快楽』『ああっ！　陶酔団地妻』『団地妻白昼夢／恍惚《こうこつ》の密室』『マル秘ヨガセックス／変態夫婦』（日本ビデオ映像）、『未亡人ポルノ前後開脚』（ポニー）、『好色発情夫人』『若妻の性歴』『若妻の売春日記』『3人の浮気妻』『恍惚の代理妻』（ワールド映画）など、全体の約2割が人妻物である。

この時期のAVは成人映画などのスタッフによって作られていた。出演している女優も、その大半が成人映画の女優だった。

当時のAVで最も人気の高かった女優といえば、本番映画『白日夢』やピンク映画などで活躍していた愛染恭子だ。1982年の時点では彼女の年齢は24歳と意外に若いが、濃いメイクや雰囲気は商売女や年増女を思わせるものだったし、役柄も人妻が多かった。

しかし、わずか2年後には状況は一変した。宇宙企画の『ミス本番・裕美子19歳』の大ヒットにより、AVメーカーは素人っぽい若い女の子ばかりを撮るようになったのだ。そして竹下ゆかり、青木さやか、菊池エリといった幼い顔立ちの女優が人気を集めていた。

1984年の『ビデオエックス』創刊号（5月号　笠倉出版社）の誌面で紹介されている日本のAV（当時はまだ海外ポルノの割合が多かった）の中に人妻物は『白いしたたり』（2チャンネル）という成人映画のスタッフが制作したと思われるSM物が1本あるだけだった。厳密にいえば『妊婦5ヶ月SM地獄責め』（スタジオ・アルファ）や『ザ・ドキュメント出産』（日本ビデオ映像）といった妊婦物はあるのだが……。

2年間で、あれだけあった人妻物は姿を消してしまったのである。

そしてAVは、若くて可愛らしい女の子が出演するものとなった。中川えり子や村上麗奈、鮎川真理のようにアダルトなムードを持ったイイ女系の女優もいたが、それでも彼女たちは20歳を少し過ぎたくらいの年齢で美少女路線の子たちとほとんど変わらない。

ずいぶん大人の印象のある豊丸《とよまる》も、デビュー時はまだ21歳だったのだ。

変態扱いされていた熟女趣味

ＡＶに人妻物が再び現れ、熟女の概念が導入されるのは、90年代に入ってからである。80年代末に安達かおる監督が撮り始めた『奥さん、いいじゃないですかへるもんじゃないし』シリーズ（Ｖ＆Ｒプランニング）のヒットから、生活感を強調した人妻物が数多く作られるようになった。それまでの美少女単体物とは全く違い、リアルな「女の性欲」を描いた映像は衝撃的ですらあった。

１９９０年には芳賀栄太郎監督が『ババァ〜！　こんな私でもＡＶ出れますか？』（ビッグモーカル）を撮り、話題を呼ぶ。56歳の浜野弘子が出演した本作は写真週刊誌などで大きく取り上げられたこともあり、企画物としては異

「ババァ〜! こんな私でもAV出れますか?」
ビッグモーカル　1990年

例のヒットとなった。歌舞伎町の大久保公園で街娼をしていたところを芳賀監督にスカウトされたという浜野弘子は三段腹の中年太りの、見るからに「オバサン」というルックス。つまり明らかにゲテモノAVとして作られたのである。

さらに芳賀監督は、東美由紀という女優の実の母親である48歳の浅野ともこが出演した『おふくろさんよ！』（ビッグモーカル）を撮り、これが大ヒットを記録した。

こうして、AVに熟女というジャンルが生まれ、定着した。

『オレンジ通信』1994年2月号で紹介されているAVは169作。そのうちで熟女・人妻物は『奥さん、「死んじゃうー」なんてよういうわ!!』（コロナ）、『どすけべ奥さん17』（東京音光）、『牝犬《めすいぬ》調教　飼い慣らされた不倫妻　欲しかったらおねだりしてみな。』（ビッグモーカル）など15本。ちゃんと「HITOZUMA VIDEO」とコーナーまでできている。しかしタイトルから見てもわかるように、当時の熟女・人妻物は企画物、それもキワモノに近い扱いだった。

この頃のレンタルショップのアダルトコーナーでは、熟女・人妻物は、SMやスカトロ、ニューハーフなどのマニアックな作品と並べられていることが多かったほどだ。

AVはあくまでも若い女優がメインであり、若ければ若いほどよい。そんな価値観が強固であった。好き好んで、熟女を見たがるユーザーは、マニアだと思われていたのだ。

熟女に関してはエロ本業界の反応は早かった。1992年に三和出版から『熟女クラブ』が創刊されたのを皮切りに、『人妻熟女報告』（司書房）、『熱烈熟女画報』（英和出版）などの熟女専門誌が次々と創刊された。

　これらの出版社が、SMなどのマニア系に強い会社であることからも、当時は熟女はマニアックなジャンルだと認識されていたのだという状況がわかるだろう。

　前述の『熟女の旅』も『ヘンタイ道まっしぐら』（1999年　KKベストセラーズ）というムックに掲載されたコラムがベースになっている。このムックはタイトルからもわかるように、SMを中心とした変態性癖についての話をまとめたものだ。「空前絶後の直腸露出　史上最強のSMカップル」や「SEXよりも気持ちイイ　飲尿プレイは男の安らぎ」「脚フェチたちの穴」といった原稿に挟まれるようにして、松沢呉一の「熟女マニアの愉しい人生」は掲載されている。

「熟女クラブ 1992年9月号」
三和出版

90年代のアダルトメディアの世界では、熟女を性の対象として見ることは「変態」と思われていたのである。

芸能人熟女のヘアヌード

ＡＶやエロ本で熟女ブームが巻き起こるのと、同時期に別の場所でも熟女のヌードが話題となっていた。

発端は１９９１年に発売された篠山紀信写真集『water fruit／樋口可南子』（朝日出版社）だった。陰毛が大胆に写っている写真が多数掲載されていたにもかかわらず、摘発は行われずに警告のみにとどまる。これを事実上のヘア解禁と判断した各出版社は一斉にヘアヌード写真集を連発したのである。いわゆるヘアヌードバブルと呼ばれた時期だ。『water fruit／樋口可南子』の５ヶ月後に、今度は松尾嘉代が『黄金郷』（大陸書房）を発売する。樋口可南子は32歳だったが、松尾嘉代はこのとき、既に48歳。第一線で活躍している大物女優がこの年齢になって、突然ヌード写真集を出したことで大きな話題となり、『黄金郷』もヒットし、松尾嘉代はその後も『陽炎』『ＳＥＮＳＵＡＬ』といったヘアヌード写真集を立て続けに発売する。

松尾嘉代に刺激されたように、39歳の島田陽子が『KirRoyal』（1992年　竹書房）、33歳の石田えりが『罪』（1993年　講談社）、同じく33歳の川島なお美が『WOMAN』（1993年　ワニブックス）、そして53歳のデヴィ夫人ことデヴィ・スカルノが『Madame D Syuga ―秀雅―』（1993年　スコラ）と、30代以上の女優のヌード写真集が次々と発売されたのだ。

この時期は、まだヘアヌードには「芸術であり、わいせつではない」という言い訳が必要とされていたため、AV女優は使えず、かと言って宮沢りえのように若いうちから脱いでくれるアイドルは滅多にいない……という状況から、ある程度ベテランの女優に声がかかったのだろう。

樋口可南子や島田陽子、川島なお美が55万部、石田えりが30万部、そして松尾嘉代が11万部という売上を記録する（部数は、宝泉薫『アイドルが脱いだ理由《わけ》』宝島社より）。単なる好奇心で手にした人も多かったであろうし、「もっと若いうちに脱いでてくれれば

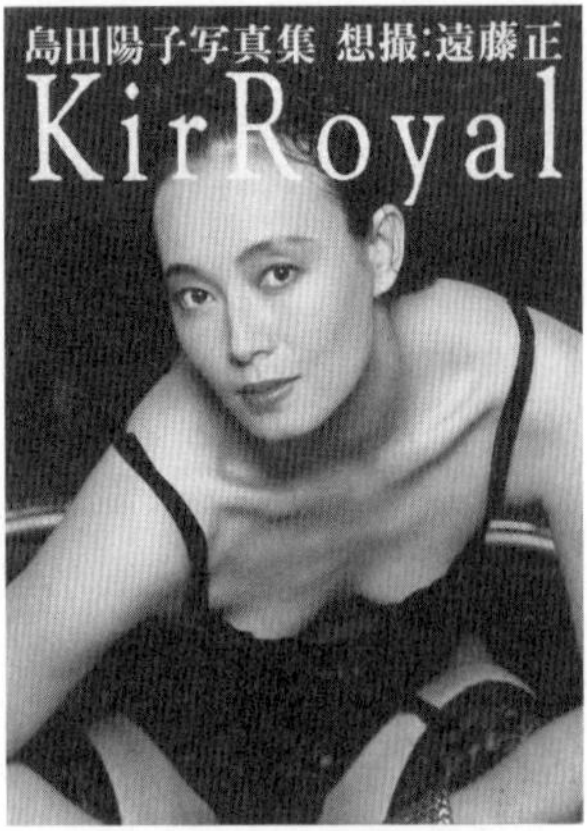

「島田陽子 Kir Royal」
竹書房　1992年

という声も聞こえて来ないわけでもなかったが、ともかくも30代以上の女性のヌード写真集がこれだけ売れたというのは事実である。ニーズは十分にあったのだ。

これも後の本格的な熟女ブームの到来を予感させるものであった。

風俗にも訪れた熟女ブーム

90年代も終わりに近づいたころ、風俗でも熟女・人妻専門店が急激に増え始めた。

93年頃から急速に盛り上がった性感ヘルス、イメージクラブといった新しいタイプの風俗店は、最初は池袋や巣鴨などのマンションの一室でひっそりと営業していたのだが、やがて歌舞伎町などの繁華街にも進出。ちょうどヴィジュアル面に力を入れた風俗誌が増えてきたこともあり、誌面に顔出ししたり、グラビアに登場する風俗嬢が目立ってきた。彼女たちは風俗アイドル＝フードルと呼ばれ、テレビや一般誌のグラビアにも登場。90年代後半には、下手なAVアイドルよりも、よっぽど知名度のあるフードルもいたほどだ。

かつてのAVのように、「え、どうしてこんな子が？」と驚くような若くて可愛らしい女の子が続々と風俗業界に現れていた。ソープランドやファッションヘルス、ピンクサロンといった従来の風俗に比べて、新風俗は女の子が若いという印象も強かった。

それが1998年頃から、人妻専門をうたった店が増えてきたのだ。以前から鶯谷や巣鴨などのエリアでは熟女・人妻専門店はあったが、かなりマニアックなムードを感じさせる店がほとんどだった。「おばちゃん」という言葉が似合いそうな女性が多く、普通の風俗好きが行くような店ではなかった。当時の熟女・人妻物AVや、熟女・人妻専門誌が持っていたムードと似たようなものがあったのだ。

それが変わってきたのが90年代末だった。新規にオープンする人妻専門店に在籍する風俗嬢は30歳前後。実際の人妻もいたが、バツイチだったり、独身であったりもした。普通の性感ヘルスやイメクラの系列店ということがほとんどだったため、店の作りや雰囲気も明るかった。単に女性の年齢が少し高いというだけなのだ。高いといっても20代後半から30代前半で、ルックス的にもそれほど変わりはなかった。それでいて人妻の方がサービスは濃厚で、感度もいい……。それは男の勝手な幻想にすぎなかったのかもしれないが、とにかく人妻専門店は人気を集めた。

あっという間に人妻専門店は増加していった。特に池袋は多く、風俗専門誌『ヤンナイ』（大橋書店）の2001年1月号に広告が掲載されている池袋の性感ヘルス・イメクラ全80店のうち、18店が人妻専門店である。実に四分の一近くが人妻専門店ということだ。

こうなると人妻風俗店はマニアのものという印象は、すっかり薄れていた。

「おばちゃん」から「美熟女」へ

そのころ、AV業界の熟女物にも同じような変化が起こっていた。『おふくろさんよ！』などを出していたビッグモーカルが『マダム倶楽部』というシリーズをヒットさせたのだ。

『マダム倶楽部』は、現在も熟女物を撮り続けている海山輝一監督によるシリーズで1994年4月に第1作がリリースされた。

その第1作では、32歳、35歳、39歳と、30代の清潔感のあるタイプの3人の女性が出演している。

それまでの「おばちゃん」ではなく「マダム」「美人妻」といったイメージを強く打ち出したのだ。その狙いは見事に当たった。『マダム倶楽部』はヒットシリーズとなり、ビッグモーカルはさらに『三十路』『小姐婦人《コマダム》』などのシリーズを連発し、熟女・人妻ジャンルを牽引《けんいん》することになる。さらに女流監督の長崎みなみもロイヤルアートやTO

KYOパリスビデオなどで熟女・人妻物をヒットさせていた。

そして熟女物に最も大きな変化をもたらしたのが1999年にリリースされた1本の作品だ。それが溜池ゴロー監督による『義母〜まり子34歳』（ソフト・オン・デマンド）である。

溜池ゴローは、テレビドラマや映画の助監督を経て、1994年にAV監督としてデビューし、アリスジャパンやマックス・エーなどで美少女単体物を中心に撮っていた。


「女の子を綺麗に撮ることには自信があったからね。ただ、正直言って、自分のビデオでオナニーしたことは一度もなかった。あくまでも仕事という感覚だったね。だから、自分でエロいと思う物を撮りたくなったんだ」（『NAO DVD』2009年10月号）

若いころから、日活ロマンポルノやフランス書院文庫の人妻物に親しんでいた溜池にとって、性の対象はあくまでも大人の女だった。そこで、大人の女性を美少女単体のように、綺麗に撮りたいと溜池は思いつく。しかしそのアイディアは、当時のAV業界では考えられないものだった。

既に熟女物はAVのジャンルとして確立していたが、それはあくまでも企画物としてだった。ビッグモーカルの『マダム倶楽部』にしても、数人の女優を起用したオムニバスでパッケージも少々コミカルな泥臭いデザインとなっていた。そのころ、溜池が撮影していた美少女単体とは全く違った世界である。

そのアイディアを唯一受け入れたのが、当時ソフト・オン・デマンドの社長だった高橋がなりだった。

そして、主演女優候補として現れたのが川奈まり子だった。知的な美貌としっとりとした大人の色気を持った彼女に溜池は一目惚れした。後に、溜池と川奈まり子は結婚することとなる。

「予算もかなりかけましたね。当時、熟女で3日撮りなんてありえなかった。初めて自分が抜くために、思うように撮ったんですよ。そうしたら最初の30分は裸が出てこない（笑）。それでもちゃんと売れましたからね」

どのメーカーも却下した熟女単体という試みだったがユーザーには受け入れられた。『義母～まり子34歳』は販売総数2万本という大ヒットを記録したのだ。熟女の単体作品を見たいと思っていたユーザーがそれだけ存在していたということである。

「それまで日本人は総ロリコンだとかいわれてて女は若ければ若いほどいいなんて風潮があったんですね。僕はずっと大人っぽい女性がいいと思っていたけれど、周りの友達とは全然話が合わない。そんな風に本当は好きだったのに言えなかった人が多かったと思うんですよ」

松沢呉一『熟女の旅』でも、熟女マニアの編集者が、周りには理解されないためにずっと自分の嗜好を口外しないようにしていたというエピソードが語られている。熟女好きには受難の時代だったのだ。

『義母〜まり子34歳』のヒットによって、川奈まり子は注目を集め、一躍人気女優となる。その少し前から、もう一人の熟女女優も人気を集めていた。牧原れい子だ。

１９９０年に中山れい子の名前で『ＧＯＲＯ』（小学館）の「激写クイー

「義母 〜まり子34歳〜 川奈まり子」
ソフト・オン・デマンド　1999年

ンコンテスト」の5クイーンズの一人に選出されてデビューし、1992年には浅草ロック座の所属ストリッパーとして活躍。そして1998年に、牧原れい子と改名し『31歳　恥じらいデビュー』（クリスタル映像）でAVデビューを果たす。その経歴からもわかるように整った美貌を持ち、溢れ出る大人ならではの色気でたちまち人気女優となった。『義母～まり子34歳』に続く熟女単体作品である『女教師～れい子34歳』（ソフト・オン・デマンド）にも出演している。

川奈まり子と牧原れい子という二人のカリスマ熟女が牽引する形で、AV業界に「美熟女」ブームが巻き起こる。

同時期に「痴女ブーム」もあったため、熟女＝痴女という受け取られ方も多く、鏡麗子、桜田由加里などの女優は、痴女ファン、熟女ファンのどちらからも支持されていた。さらに見事な肢体とマゾっ気が魅力の友田真希、ぶっかけ、中出しにアナルファックとハードなプレイもこなす紫彩乃《あやの》、Gカップ美巨乳の友崎亜希、上品なルックスの立花瞳らの活躍もあり、「熟女・人妻」というジャンルはAVの中でも重要な位置を獲得し始めた。

過熱する熟女ブーム

ビッグモーカルやクリスタル映像などのレンタル系のメーカー、センタービレッジやルビー、そして溜池ゴロー監督を擁するドグマなどのセル系メーカーが次々と熟女物をリリースし、鎬《しのぎ》を削っていた2003年の暮れに熟女・人妻専門メーカーとしてマドンナが誕生する。ドラマ物から生々しい企画物まで「熟女の総合デパート」の異名をとるラインナップの広さと、豪華な人気熟女を次々と送り出すキャスティング力の高さで、マドンナは熟女AVの中心的存在となっていく。

2004年には松本亜璃沙《ありさ》がデビュー。30代でありながら愛らしく幼い童顔の彼女は「ロリ熟女」という矛盾したジャンルを生み出し、熟女の枠を大きく広げた。

そして、80年代末に宇宙企画で活躍した牧本千幸が、つかもと友希《ゆき》の名前で熟女女優としての活動を活発化させた。それ以前にも小林ひとみや菊池エリなど、80年代に活躍したAV女優が熟女として活躍するという例は多く、熟女に対するニーズはAV女優の寿命を大きく延ばすこととなっていたのである。また、かつてのアイドル女優が熟女女優としてカムバックするパターンもある。少し時代は飛ぶが10年代前半には、松本まりな、小森愛、憂木瞳といった90年代初頭のトップスターたちが次々と復活して、往年のファンを喜ばせた。

2005年には、その後の熟女界のトップスターとして君臨する翔田千里《ちさと》が37歳でデビューする。

熟女時代の到来を実感させたのが、赤坂ルナと紫彩乃のミリオンマダムズ就任だ。大手メーカーであるケイ・エム・プロデュースは、それまで及川奈央、早坂ひとみ、小沢菜穂、如月《きさらぎ》カレンといったトップクラスの単体女優を代表的なレーベルであるミリオンのイメージガール、ミリオンガールズとして選出していたが、2005年にはその熟女部門としてミリオンマダムズを新設したのだ。

それは長い間、企画物として扱われてきた熟女・人妻というジャンルが、ついに名実ともに本流だと認められた瞬間でもあった。

2006年には美熟女ブームの立役者である溜池ゴロー監督が自らの名前を冠したメーカー、溜池ゴローを立ち上げる。その年には、ケイ・エム・プロデュースが「大人の女性は、美しい」をキャッチフレーズにしたNadeshiko（なでしこ）、ソフト・オン・デマンドグループが「等身大の女をナチュラルに見せる」というコンセプトのWOMANといったレーベルをスタートさせている。どちらも、今までのイメージとは違った熟女像を打ち出そうという試みから生まれたレーベルだった。

ロリや素人物が中心だったタカラ映像もこの年から熟女メインのラインナップへと切り替わる。

2007年に開催されたエントリー作品の売上を競うメーカー対抗イベント「AVグランプリ」では全77作品中、熟女・人妻系の作品が14タイトルに及んでいた。マニアのものといわれていた熟女・人妻というジャンルは、もはやAV全体の中でも最も大きな勢力へと成長しつつあった。

熟女誌化するエロ本

AV以上に熟女・人妻のジャンルが拡大したのはエロ本だった。それまで熟女専門誌はマニア誌扱いされていたのだが、00年代後半からコンビニで販売されるライトなエロ本でも熟女をメインに扱う雑誌が増えてきたのだ。

中でも極端な方針をとったのが、ぶんか社だった。

ぶんか社は1948年に日本文華社として創業し、下ネタ4コマ漫画誌『みこすり半劇場』の大ヒットによって躍進した出版社で、1995年にはアメリカの『PENTHOUSE』の日本版『PENTHOUSE JAPAN』を創刊。同誌は2004年に米ペントハウス社との契約解除により『PENT JAPAN』としてリニューアルし、よりエロ本色を強めていた。その増刊としてスタートしたのが『PENT JAPANスペシャル』だ。

　ポップなセンスの総合エロ雑誌であった『PENT JAPANスペシャル』だが、2006年に突然、人妻・熟女誌へとリニューアルする。その路線変更は吉と出たようで、2008年に本誌である『PENT JAPAN』は休刊するが、もともと増刊であった『PENT JAPANスペシャル』は2014年まで継続した。さらにぶんか社は、『本当にあったHな話』などの同社で発行しているエロ系雑誌をすべて熟女・人妻メインの雑誌に路線変更させたのである。

「PENT JAPANスペシャル　2008年1月号」
ぶんか社

　しかし、10年代に入ると、ぶんか社のような熟女・人妻シフトは珍しいものではなくなっていた。

　1984年創刊のAV雑誌の老舗である『ビデオボーイ』（英知出版→ジーオーティー）も、アイドル雑誌の『ザ・シュガー』がリニューアルした素人ナンパ雑誌『ストリート・シュガー』（サン出版）も熟女・人妻誌へとリニューアルし、表紙では誌名よりも、「人妻」の文字が目立つようなデザインとなった。

そして前述の通り、現在は発行されているエロ雑誌の半分以上が熟女・人妻誌となっているのである。現在のエロ雑誌は、熟女・人妻によって支えられているのだ。

芸能人熟女ＡＶのヒット

00年代のＡＶにおける大きなブームのひとつに「芸能人」がある。２００６年に青木りんや範田紗々《はんださささ》がＡＶデビューして話題となったのをきっかけに「芸能人」の肩書きを持ったＡＶ女優が次々と登場した。その多くは、着エロアイドルであったり、マイナーな映画に出演したことがあるくらいの、芸能人とは名ばかりの子がほとんどだったのだが、中には誰でも名前が知っているような「本当の」芸能人もいた。

例えば、80年代にアイドルとして活躍した小沢なつき、ギリギリガールズのメンバーだった荒井美恵子、グラビアアイドルの吉野公佳、ジャズ・シンガーの真梨邑《まりむら》ケイ、ヒイントフォーの濱田のり子、そしてＷｉｎｋの鈴木早智子らだ。彼女たちの出演作は、ＡＶメーカーから発売されていても、実際にセックスはしていない「アダルトイメージ」であったりするのだが、それでも話題性で爆発的なヒットを記録した。

それは90年代のヘアヌード写真集ブームを思い起こさせるものがあった。あのときヘアを晒《さら》した女優たちと同じく、芸能人ＡＶに出演した彼女たちもまた30歳を過ぎた熟女ばかりだったのだ。

荒井美恵子が34歳、吉野公佳が33歳、濱田のり子が44歳、鈴木早智子が40歳。真梨邑ケイに至っては52歳である。さらに２０１１年には、39歳のときにヘアヌード写真集を出した島田陽子が58歳でＡＶ出演を果たしている。安達祐実の実母である安達有里が51歳で出演したという例もあった。

こうした作品は、いずれも高いセールスを記録している。もちろん「芸能人」であるという知名度と幻想、そして好奇心がユーザーの心をくすぐったことは間違いないのだが、彼女たち熟女芸能人の裸身を見たいというユーザーがそれだけいたということも、また事実なのである。

50代である真梨邑ケイの第1作『情事』（アリスジャパン）などは、4万枚という大ヒットとなり、それ以降の作品のセールスも好調だった。これは、単なる好奇心で購入したユーザーだけでは成り立たない数字である。

「情事 Jyoji 真梨邑ケイ」
アリスJAPAN　2009年

若妻という新しいジャンル

その一方でAV業界では、人妻・熟女ジャンルに変化が見られていた。それが「若妻」の台頭である。

若妻をテーマにした作品自体は、別に目新しいものではない。古くは1989年に樹まり子が19歳で『若妻プレイ　叫びと悦楽』（シェール）、1991年に星野ひかるが20歳で『幼な妻・ひかる　今夜もなすがまま』（芳友舎）といった作品を残している。その後も単体女優が人妻を演じた作品は少なくない。単体作品のバリエーション、いわばコスプレのひとつとして「若妻」は存在していたのだ。

しかし10年代に入ってから急速に増えた若妻物は、熟女・人妻メーカーが若い女優を起用したという点で意味が大きく違う。つまり、熟女・人妻というジャンルが拡大して、若い女優を取り込んだのだ。

そのきっかけとなったのは、2010年に熟女・人妻メーカーのマドンナがリリースした『夫よりも義父を愛して…。浜崎りお』だろう。当時22歳の浜崎りおが密かに愛していた上司の息子と結婚した若妻を演じている。Hカップの美巨乳で、どちらかというとギャルの印象の強い浜崎りおが人妻役というのは、当時では違和感のあるキャスティングだった。

マドンナの冨野ディレクターは、浜崎りおの起用についてこう語っている。

「当時、浜崎りおは大人気でしたが、熟女メーカーのうちで撮るなんて誰も考えなかった。正直、クビ覚悟で撮ったんです。これが売れなかったら、もうマドンナにいられないと思いました。結果として大ヒットになり、これ以降若妻路線ができたんです」（『ＮＡＯ ＤＶＤ』２０１２年10月号）

実際には前年の２００９年にグローリークエストから浜崎りおが嫁として義父と関係を持つという『禁断介護』という作品も出ているし、『夫よりも義父を愛して…。』の一月前に熟女・人妻メーカーのＶＥＮＵＳから『いいなり爆乳妻　浜崎りお』という作品も発売されているのだが、やはり熟女・人妻ジャンルの最大手メーカーであるマドンナで大ヒットしたのは大きかった。

「夫よりも義父を愛して…。浜崎りお」
マドンナ　2010年

マドンナは以降、成瀬心美《ここみ》やつぼみ、有村千佳といった人妻のイメージのない20代の人気企画単体女優を次々と起用。他社もそれに追随するように20代女優の若妻物のリリースを増やしていった。

また森ななこや菅野しずかのように20代でありながら、人妻物を中心に活躍する女優も目立つようになってきた。

森ななこは、２００８年に『究極の美巨乳AVデビュー Gcup 92cm』（ムーディーズ）で美巨乳を売りにした単体女優としてデビューしているが、２００９年末に人妻系作品に出演するようになってからブレイクした。

こうしたパターンの元祖ともいえるのが風間ゆみである。１９９７年に鈴川ちか名義で『美乳・豊乳挟み打ち　母性本能』（ＫＵＫＩ）で18歳でデビュー。その後、すぐに現在の風間ゆみに改名し、ＳＭ系や凌辱系などハードな作品中心に出演。

そして２００４年ごろから人妻物への出演が増えていく。彼女の豊満な肉体と成熟した色気はこのジャンルのニーズにマッチしたのだ。この時期は熟女・人妻物の人気が高まり、リリース数が急増していたこともあり、２００７年には風間ゆみの年間の出演作は１００本近くにもなり、トップ熟女女優の仲間入りを果たす。しかし、この時点の彼女の年齢はまだ28歳だったのだ。

キャリアを積むに連れて人妻役を演じることが増えて、次第に熟女・人妻ジャンルへとシフトしていく女優は多いのだが、いつその舵《かじ》を切るかの判断は難しくなってきている。今や、熟女・人妻は最も大きく安定したマーケットとなっているため、早くそちらに移った方がメリットが大きいと考える女優（というよりも所属プロダクション）も、増えてきているようだ。

実年齢より上に公式の年齢を設定する、いわゆる逆サバをする女優が増えてきたのも10年代に入ってからだ。若さを売りにもできずに、熟女ともいえない20代半ばでデビューする女優は2〜3歳逆サバを読ませて人妻のイメージで売りだした方がいいのだ。AVでは、20代半ばの女性が最も扱いに困る＝ニーズが少ないというのが現状なのである。

ちなみに若妻物の人気が高いといっても、タイトルに若妻というキーワードを入れることは少ない。

「なぜか若妻というタイトルにすると、あまり売上がよくないんです。あくまでも人妻

「風間ゆみ　僕のおばさん」
マドンナ　2007年

じゃないと。たぶん若妻というと、チャラチャラしたヤンママのようなイメージを受けるんじゃないでしょうか。若くても、あくまでも人妻、とした方が数字がいいです」

（マドンナ・冨野ディレクター『ＮＡＯ　ＤＶＤ』２０１２年10月号）

「若妻」という言葉自体には訴求力がないというのは面白い。あくまでも「人妻」という言葉のイメージの方が重要なのだ。

こうした動きにより、現在の熟女・人妻は、20代から50代（場合によってはそれ以上）をカバーするという巨大ジャンルとなっている。逆にいえば、18歳から20代前半という限られた年代以外の女優は熟女・人妻女優ということになるわけだ。

熟女に癒やしを求める男たち

では、なぜこれほどまでに熟女・人妻の人気が高まったのか。皆無だった80年代後半や、マニア物扱いされていた90年代のＡＶ市場から考えると、隔世の感がある。

最も大きな理由として考えられるのは、ユーザー層の高齢化だ。現在のＡＶの主な購買層は30代後半から50代。中心となるのは40代である。

そのため自分と年齢の近い女優の方がリアルに感じられると見る考え方だ。これは確かに大きいだろう。全く自分とは縁のない年代の若い女の子、あるいは自分の子供と同じ年齢の女の子に性欲を感じるのは難しいという男性も多いはずだし、むしろ自然だ。

もちろん弾けるような若さに羨望は持つけれど、それについていくのは疲れる。性の欲望に対しても「癒やし」を求めてしまう。それには熟女の方が……という考えだ。

「癒やし」というのも、熟女人気を考える上で重要なキーワードである。

1985年に創刊したフランス書院文庫は、官能小説文庫ブームを巻き起こした。黒い背表紙に「奴隷」「肉刑」「生贄《いけにえ》」といったおどろおどろしい単語が並んだタイトルが印象深い。初期は蘭光生《らんこうせい》や綺羅光《きら》、結城彩雨《さいう》といったSMやレイプを得意とする作家が看板であり、フランス書院文庫といえば凌辱、というイメージが強かった。

しかし、現在はずいぶんと傾向が変わっている。

2015年3月にフランス書院文庫から発売されたのは『町ぐるみの姦罠《ワナ》　上杉家の悲劇』（榊原澪央《れお》）、『人妻　示談の代償』（早乙女京一）、『熟女の島　やさしい義母、いじわるな人妻、かわいい兄嫁』（小鳥遊《たかなし》葵）、『四人の淫らな未亡人』（辻堂楓）『隣りの独身美母《シングルマザー》』（香坂燈也）の5作。

まず、すべてが熟女・人妻物だ。そして凌辱的な作品は『町ぐるみの姦罠《ワナ》』と『人妻示談の代償』の2作で、あとの3作は熟女や人妻が誘惑してくるタイプのストーリーになっている。

次は現在、唯一の月刊の中間小説誌である『特選小説』（綜合図書）の2015年6月号を見てみよう。読み切り大特集「美熟女が濡れる旅の夜」をはじめとして全部で11作の読み切り短編小説が掲載されているが、うち8作品が熟女・人妻物だ。そして掲載作の中で、女性が無理矢理犯される作品は1作のみ。しかも、その『ナマ妻事件』（桐葉瑶）は2000年に書かれた作品の再掲載なのだ。つまり、現在の官能小説とは、熟女や人妻が誘惑して来るなどの「ラブラブな」セックスを描いたもの、といっていいだろう。

『特選小説』の小林編集長（当時）は、その理由として、こう答えている。

「以前のような凌辱物はなくなりましたね。熟女や人妻に誘惑されるというものが基本です。男性が常に受け身なんですよ。田舎を舞台にしたものも人気があります。みんな官能小説にも癒やしを求めているんでしょうね」（『NAO DVD』2011年3月号）

小説でも、凌辱物を読むのは疲れる。こちらが受け身でいい誘惑物の方が楽でいい、ということなのだろうか。

官能小説のユーザーは、ＡＶより年齢層が10歳から20歳高いといわれる。ＡＶの方では、熟女・人妻物の中でも、夫以外の男性に犯されるうちに肉欲に目覚めてしまう「寝取られ」と呼ばれる凌辱物の人気が高いのだが、やがてユーザーの年齢層がさらにあがると、それも姿を消していくのかもしれない。

巨大化する熟女・人妻ジャンル

熟女・人妻物人気の理由として、熟女のルックスのレベルが上がったこともあげられるだろう。90年代までは、モデル・プロダクションが熟女を扱うことがなかったため、メーカーは熟女物を撮ろうとしても、女優のキャスティングに難航した。熟女ＡＶの元祖である『ババァ〜！』や『おふくろさんよ！』を撮影した芳賀栄太郎監督は、悩んだ末に保険の勧誘員をスカウトしたという。

「いくらなんでもって思ったんだけど、アタックしてみたら保険屋さんって割り切りがいいんですよ。半年くらい保険の契約したら出演してくれるの。しかも仲間を紹介してくれる。しまいには弟の嫁まで連れてきてくれましたね（笑）。まぁ、そんな風に熟女は自力で調達してこないといけなかったんだけど」（『本当にあったH な話』２０１２年10月号　ぶんか社）

しかし00年代に入ると、熟女専門のモデル・プロダクションも数多く出現。熟女がブームだと話題になったことで、それまで若い子しかＡＶに出演できないと思いこんでいた年代の女性も、可能性があると知って、自ら応募してくることが増えた。全体の数が増えれば、その中から選ばれた女優のレベルも必然的に高くなっていく。

現役ファッションモデルだというスレンダー美女の水原梨花《りんか》や、元レースクイーンでＩカップ爆乳のナイスバディを誇る小早川怜子など、20代の単体女優に負けないようなルックスの熟女女優が次々とデビューしているのである。

その一方で、90年代までの「おばちゃん」的なルックスの熟女女優も健在であり、センタービレッジやルビー、グローバルメディアエンタテインメントといったメーカーは、意識的にそうしたラインを狙っているようだ。こうしたメーカーでは50代、60代の超熟女優も人気が高い。

さらにそこに20代の若妻女優も加わってくると、その範囲は大変広いものとなり、多くのユーザーの趣味をカバーできるわけである。

もはや熟女・人妻というジャンル自体が、ひとつの大きな市場であり、その中にいくつもの細分化されたジャンルがあるといってもいいだろう。若妻好きのユーザーと、超熟好きのユーザーは、おそらくお互いの嗜好の魅力をわかりあえない。それほど熟女・人妻というジャンル自体が巨大化しているのだ。

なぜ熟女・人妻はドラマ物が強いのか

ＡＶにおける熟女・人妻というジャンルの魅力、そして謎がひとつある。それはこのジャンルにおいては、ドラマ物が非常に強いということだ。

黎明期から90年代にかけてのＡＶは、ドラマ物が主流だった。生々しいドキュメントの企画物が流行することもあったが、美少女単体物の王道はドラマ物だという時代が長かった。

それが変わったのは00年代のことだった。ドラマではなく短いシチュエーションのカラミを5〜6パターンで構成した作品が主流になってきたのだ。

これはＡＶのフォーマットがＶＨＳからＤＶＤに変わったことが大きいだろう。内容を確認しつつ早送りしないと希望の場面にたどりつくことができないVHSに比べて、ボタンひとつで希望のチャプターに飛べるDVDの登場は衝撃的だった。これにより、ユーザーに不要と判断されたドラマパートはどんどん飛ばされてしまうことになってしまった。頭から全部を通して見なければならないドラマ物はDVD時代には向いていなかったのだ。

逆に早送りのできないCS放送のアダルトチャンネルではドラマ物の人気が高いという事実も、その裏付けになるだろう。

ニーズがない以上、時間も手間もかかるドラマパートを撮るのは、制作においてもデメリットでしかない。こうしてAVのメインストリームである美少女単体物からドラマ物は消えてしまった。しかし、その一方でドラマ物が着実に作られているジャンルがあった。それが熟女・人妻物だった。90年代までの熟女物は企画物扱いだったために、シチュエーション物やドキュメントが中心だったのだが、ここに変革をもたらしたのも、やはり溜池ゴロー監督の『義母〜まり子34歳』だった。

「大人の色気を表現するには、お金をかけてドラマ仕立てにしないとダメだって。単に30代の女優で激しいセックスを撮ってもウケない」（『週刊SPA!』2001年11月21日号）

そして00年代以降の熟女・人妻物は、ドラマが主流となっていく。２０１５年3月に発売されたマドンナの作品から総集編を除いた30タイトル中、ドラマ物は実に28本。比較的ドキュメント物が多い印象のセンタービレッジでも21本中、ドラマ物は14本もあるのだ。

なぜ熟女・人妻物だけにドラマが残ったのか。現在のＡＶにおいては、ニーズがないものは作られることは、まずない。かつては美少女単体物に関しても「ドラマは女の子の魅力を最大限に引き出すものとして必要」だとドラマにこだわっていたプロデューサーもいたのだが、ユーザーの支持を得るものではなかったために、ドラマ物は消えていった。

つまり熟女・人妻物のユーザーは明確にドラマを求めているということである。実際に熟女・人妻物は、ドラマ部分で手を抜くとユーザーから厳しい批判が来るのだという。

マドンナで多くの作品を手がけている英泉監督もインタビューでこう語っている

「最初に書いた台本よりも、カラミが少なくなることも多いですよ。プロデューサーから『なんでここで脱ぐのかわかりづらいから、もっとその前を描写しましょう』なんて言われますからね。（中略）熟女ファンは、やっぱり求めている物が違うんでしょうね。ちゃんと話がないと面白くないみたいです」（『本当にあったHな話』２０１２年７月号）

少しでもよけいなことをすると怒られてしまう他のジャンルのＡＶでは、考えられない話である。

熟女・人妻に何を求めているのか

筆者は以前から、なぜ熟女・人妻物だけがドラマが必要とされるのかが気になり、関係者から話を聞いて回っているのだが、納得できる明確な解答は得られていない。「やはりストーリーの厚みがあった方が、リアリティが増して興奮も高まるのではないか」という回答が多いのだが、それならば美少女単体物でも同じ理屈が通用するように思えるのだ。

となれば、そこはユーザー層の違いということなのだろうか。熟女・人妻ユーザーが求めるものが、美少女単体ユーザーとは、明らかに異なっているのではないか。

つまりユーザーは、熟女・人妻の、その肉体そのものだけではなく、ストーリー込みで興奮しているのだと考えられる。

若い女の子の肉体とは違って、熟女の肉体には弛《ゆる》みや皺《しわ》が見られる。熟女好きは、それ自体も魅力だととらえる。しかし、そのフォルム自体に興奮するというよりも、そこから読み取れる経験や歳月に思いを馳《は》せて興奮している。その情報量が、興奮を倍増させるといえばいいのか。

しかし、それだけならば熟女・人妻物にドラマ物が多い説明にはならない。リアルな経験を読み取ることで興奮するというならば、ドラマよりもドキュメントの方が向いているはずだからだ。だが、実際には熟女・人妻物でドキュメント形式をとっている作品は、それほど多くはない。やはり「ドラマ」というスタイル自体に理由があるように思える。

熟女・人妻物AVはドラマ物が多いのは事実なのだが、実はそのドラマのパターンは極めて少ない。基本的には、熟女が若い男（息子や甥、夫の部下など）を誘惑して関係を持つパターンと、貞淑な人妻が夫以外の男に犯されて、最初は抵抗しているのだがやがて喜びに目覚めるというパターン（寝取られと呼ばれる。NTRと略されることもある）の二つだ。びっくりするほど、同じようなストーリーばかりなのである。とある熟女メーカーの作品などは、脚本を使い回ししているのではないかと思うほどに、セリフまでも同じだったりする。

したがって、熟女・人妻ユーザーはドラマ好きといっても、ドラマの面白さを求めているわけではない。求められているのは、あくまでもシチュエーションである。そのヒロインの「熟女」「人妻」という属性といってもいいかもしれない。そこで求められているのは、熟女や人妻は性的に成熟しているという思い込みだ。「女盛り」の肉体は、若い女や独身の女よりも開発されていて淫らなはずだという決めつけがそこにはある。もちろん現実には、性に積極的ではない熟女も人妻もいるはずだが、アダルトメディアの世界ではそれは存在しない。

ＡＶで描かれる熟女、そして人妻もまた、幻想の存在なのである。その幻想に強度を持たせるために必要なのが、ドラマということだ。

現実世界では、あまりユーザーにとって縁のない「美少女」に比べて、身近な存在である熟女・人妻だからこそ、幻想のキャラクターへと昇華させるためにドラマが必要とされるのではないだろうか。

熟女・人妻もまた、ユーザーの幻想の中の存在なのである。

第三章

素人という幻想

素人物のルーツは？

アダルトメディアには「素人」というジャンルがある。しかし、その定義は非常に難しい。

アダルトメディアに登場する「素人」は、基本的にモデル・プロダクションや風俗店などに所属していない「一般の女性」を指すということになるだろう。

では「素人」が出演したポルノは、いつからあるのだろうか。

ブルーフィルムの歴史について書かれた『ぶるうふいるむ物語』（三木幹夫　立風書房　１９７５年）には「女優は、たいてい売春婦、芸者、めかけ、不良少女など。無声映画はなやかなりしころ、売れない活弁（活動写真の弁士）の細君が一役かったという例外もあったが、ほとんどが、当時のエロが売りものの女たちだった」という記述があり、一部には風俗嬢以外に不良少女、人妻などの素人女性が出演していたことが窺《うかが》える。

50年代に「ブルーフィルムのクロサワ」「土佐のクロサワ」の異名をとった高知の監督は「女事務員や女子工員、人妻、まだアレていないホステスとか仲居から厳選」し、「売春婦だとか実演女優だとかの安直モデルを絶対に使わなかった」という。

また、『奇譚《きたん》クラブ』（曙出版など）などのＳＭ誌には、マニアが自分のプレイの写真を応募してくるコーナーもあった。これは素人投稿のはしりだといえるだろう。

そもそもアダルト専門のモデル・プロダクションも確立していなかったのだから、プロと素人の境界も曖昧だ。

アダルト専門のモデル・プロダクションの元祖といえるのが、1950年代末から活動を始めた火石利男による火石プロダクションだ。街角で女の子に声をかけ、スターになれるからと口説いてピンク映画に出演させていたらしい。1974年に火石利男が心筋梗塞により45歳の若さでこの世を去るまでに数百人に及ぶ女の子を成人映画などに送り込んでいたという。彼女たちの場合も、プロダクションに所属していたとはいえ、それまでに女優としての経験はなく、1本のみで消えていった子も多かった。黎明期の成人映画のスター女優として活躍した火鳥《かとり》こずえなどを除けば、実際は素人と変わらない存在が大半だった。

素人に価値を見出す

アダルトメディアが「素人」という言葉を積極的に打ち出し、そこに価値を見出し始めたのは70年代だ。無名のモデルであっても、あえて「素人」と銘打つことによって価値が出てくるという錬金術が発見されたのだ。

「私の記憶では、商業誌に『素人娘』という活字が使われたのは自販機モノが最初だったと思います。70年代は日活系のポルノ女優らが成人向けメディアの中心でしたが、彼女たちはこうした自販機雑誌にはもちろん登場しません。載っているモデルたちは当時としても、二流どころばかり。そこで新企画としてより身近な女のヌードを掲載し始めたんじゃないですか。もちろん純粋な素人だとは断言できませんが、プロと素人の明確な差が見えない雑誌ですよ」（神田神保町「荒魂書店」稲山雄二店主『スーパー・ベスト』1997年5月号　KKベストセラーズ）

自販機本の世界では、女性誌や求人誌に水着や下着のモデル募集と広告を出し、やって来た女の子を現場でひたすら口説いて脱がすということをやっていたようだ。

街頭で女の子をナンパして、パンチラや、ときにはさらにその先まで撮影する佐々木教などのナンパカメラマンが活躍し始めるのもこの頃だ。こちらは、正真正銘の素人女性である。素人であれば、パンチラ止まりでも価値があることにアダルト業界も気づき始めた。

そして１９７５年には篠山紀信が『ＧＯＲＯ』（小学館）で「激写」と銘打ったグラビアシリーズを開始する。

『ＧＯＲＯ』創刊１周年記念号である１９７５年10号に掲載された「激写」の第１弾は山口百恵であり、以降も水沢アキ、榊原郁恵、アグネス・ラム、キャンディーズ、南沙織といった人気タレントの水着やセミヌードがメインだったが、並行して素人女性のヌードも撮っていた。どちらの路線も同じ「激写」のタイトルで平等に扱われているというのが新鮮であり、ときには素人ヌードがタレント以上の人気を集めることもあった。

１９７９年に発売されて70万部のベストセラーとなった総集編ムック『激写　１３５人の女ともだち　篠山紀信　全撮影』で表紙を飾ったのは素人モデルの秋山ゆかりであったし、１９８２年に発売された全８巻の『激写文庫』でも石井めぐみや川島なお美、木村理恵、杉田かおる、浜田朱里といったタレントと、川村ひとみ、西島玲子、吉川とも子の素人モデルが全く並列で扱われている。

「激写 135人の女ともだち」
小学館　1979年

近所や同じ学校にいそうな身近な女の子が脱いでいるという生々しさと初々しさは、それまでの「プロ」のヌードにはないものだった。

ヌード写真はプロだけが撮るものではなくなった

この頃、素人を表すキーワードとしてよく使われたのが「隣りのお姉さん」だ。これは1982年に二見書房から発売された『隣りのお姉さん100人』に端を発する言葉だ。『隣りのお姉さん100人』は、全国の16歳から20歳までの素人女性100人のファーストヌード（下着までの子も多い）を掲載したもので、読者の人気投票が行われている。

ここで第1位に選ばれたのが八神康子で、1983年には『隣りのお姉さん』（ポニー）でAVデビューを飾り（実はそれ以前にビニ本などに出演していたのだが）、最初期のAVアイドルとして大人気となる。同年の『ビデオプレス』誌での第1回ビデオクイーンコンテストでは、美保純や愛染恭子を押さえて堂々の1位を勝

「隣りのお姉さん100人」
二見書房　1981年

ち取っている。

『隣りのお姉さん100人』の前書きに「ところで、今アメリカの雑誌で大人気の連載企画に『ギャルズ・ネクストドア』というグラフィックなページがあります。読者が知り合いのお嬢さんや恋びとのヌード写真を撮って雑誌に投稿します。そして、掲載された写真を見た多くの読者による人気投票によって、その号のナンバーワン・ギャルが選ばれ、次の号あたりに彼女の激写が大特集されるのです。二見書房の編集部では、この雑誌のアイディアをベースに、単行本をつくることにしました」と書かれている。

ここで注目すべきは、読者がヌード写真を撮って投稿するという一文だ。『隣りのお姉さん100人』でも、読者の撮影した素人ヌード写真を募集している。

ヌード写真はプロだけが撮るものではなくなっていたのだ。

その象徴的な存在が『隣りのお姉さん100人』と同じく1981年に発売され、100万部のベストセラーとなった『アクション・カメラ術』（馬場憲治　KKベストセラーズ）だ。パンチラなどの盗撮や、彼女のヌード写真を

「アクション・カメラ術」
KKベストセラーズ　1981年

自分で撮影しようと提案し、そのテクニックを解説した本だ。ギプスの中にカメラを仕込んでスカートの中を狙い撮りしようなどと、現在では犯罪になってしまうようなテクニックも含まれているのはご愛嬌だが、もはやエロの対象となるのは「プロの女性」だけではなく、それを撮るのも「プロ」だけではないということを宣言した一冊である。

同じく1981年には、初の投稿写真誌である『セクシーアクション』（サン出版）も創刊されている。同誌は甲子園などのスポーツ会場でのチアガールのパンチラ撮影が有名だったが、後に社会問題化していく。

ここで、アダルトメディアにおける「素人」は、「プロが撮った素人」と「素人が撮った素人」の二つのジャンルに分かれていく。後者は本当の素人だが、前者の場合は「素人を装ったプロ」を含むことがある。いわゆる、ヤラセや仕込みといわれる存在だ。素人として画面や誌面に登場するが、実際はプロダクションなどに所属する無名の「プロ」だったりするわけだ。

古い歴史を持つナンパAV

AVにおける素人物の代表的なジャンルがナンパ物である。カメラを担いだスタッフが街頭に出て、道行く女の子に声をかけて出演を交渉するというドキュメント風の作品だ。

『週刊宝石』（光文社）の人気企画「オッパイ見せてください!!」にヒントを得たと思われる1983年発売の『あなたのオッパイ見せてくれませんか』（大映）あたりが元祖となるのだろうか。

1984年には『ビデオスクランブル1　素人娘をいただく！　只今本番中』（ビップ）、『探偵ちゃんのちょっと体験させてください!!』（ストーンハウス）などのナンパ物に加えて、女の子が男を逆ナンパする『ナンパして本番』（ビデオサークル）のような作品も生まれている。

1987年に第1作が発売された『ザ・ナンパスペシャル』（アリーナ　現アリーナ・エンターテインメント）は、2014年の『ハメたあの娘は腰がいやらしい！　越谷編』に至るまで正編のみで272巻を数えるというおそらく世界最長寿のシリーズだ。実際にギネスブックに

「ザ・ナンパスペシャル　VOL.13」
アリーナ・エンターテインメント　1989年

2回申請しているが、ポルノという理由で却下されたという。

記念すべき第1作では、新宿アルタ前からナンパが始まる。2003年に閉店したリシントン靴店など四半世紀以前の新宿東口街頭の景色が懐かしい。「パンチラ撮るだけだから」と強引にナンパされた女の子がマイシティ（現ルミネエスト新宿）の屋上へ連れて行かれて「変ないやらしい雑誌に載せるんでしょ？」と聞いているのが面白い。1987年の時点では、AVよりもエロ雑誌の方がメジャーだったということだろう。

実際にこの作品に登場した女の子たちが、本当に素人だったかどうかはさておき、ナンパ師との生々しいやりとりが面白く、『ザ・ナンパスペシャル』はヒットし、シリーズ化する。

シリーズ初期から制作に携わっている獄門党監督は当時をこう振り返っている。

「最初からこれは画期的だと思いましたよ。当時は、AVというのは女ばかり撮っていたけど、これは男が主役でしょう。いきなり男がしゃべってるところから始まりますから。あの頃はギャラの高い女優全盛期だったけど、素人物なら低予算で作れるしね。だからこれがヒットすると、あちこちでパクられました」（『NAO DVD』2011年5月号）

同作品にナンパ師として登場した男優の沢木和也にもスポットがあたり、彼の名前を冠した『ザ・ナンパスペシャル番外編　ナンパマン沢木和也のナンパ思想大系』のようなスピンアウトシリーズができたり、さらには他社からも『沢木和也のナンパ帝国』（アトラス21）などのシリーズも制作された。

また獄門党監督が語ったように『アクションビデオ』シリーズ（惑星共同体）、『突撃土下座ナンパ』（ジューシープロデュース）のような同種の作品も数多く登場し、ナンパ物はＡＶのジャンルとして確立していった。

ナンパ物ＡＶの魅力は、素人女性が脱ぐということはもちろんだが、ハプニング性を含んだドキュメントとしての面白さにもある。声をかけることに成功して個室に連れ込んだとしても、パンチラ止まりなのか、下着を脱ぐところまでいけるのか、フェラやセックスまでいけるのか、わからないというスリリングさ。必ず最後までやることが約束されている通常のＡＶとは違った楽しみ方が、ナンパ物にはあるのだ。

素人にこだわったカンパニー松尾

こうした素人のドキュメントとしての面白さとエロティックさに注目したのがカンパ

ニー松尾だった。

カンパニー松尾は１９８７年にV&Rプランニングに入社、翌１９８８年には22歳の若さで監督デビュー。当初は、ＭＴＶに影響を受けたポップでカラフルな映像を得意とする作風だった。

しかし『ＯＨ！　満子３　スワッピング・トライアングル』（１９８９年）というマガジンスタイルの作品の中で、素人の人妻を撮影する機会に恵まれた松尾は、そこでドキュメントの可能性に気づいた。

発端はV&Rに届いた一通の手紙だった。そこには、自分の妻をＡＶで撮って欲しいという要望が書かれていた。事故で不能になってしまったため、自分では喜ばせることができなくなった妻を男優に抱いて欲しいというのだ。

夫が見守る前で、撮影は始まった。男優に抱かれる28歳の妻。そこに松尾はプロのＡＶ女優にはない生々しさを感じた。

「実録素人ドキュメント 私を女優にして下さい」
V&Rプランニング　1991年

そして１９９１年、松尾は『私を女優にして下さい』というシリーズを撮り始める。Ｖ＆Ｒに出演志願してきた全国の素人女性の元へ松尾がおもむき、ハメ撮りをするというロードムービー風味のドキュメントだ。

登場する素人女性は、後に『熟れたボイン』という単体作品にも出演する宮崎レイコのような美女もいれば、オバサンとしかいいようのない熟女もいる。そのルックスは玉石混交だ。その一人一人に対して、松尾は等身大の視線で、一人の男性として接する。タイトルこそ「私を女優にして下さい」だが、松尾は彼女たちを、いかに「女優」として撮らないかに細心の注意を払う。

「プロのＡＶ女優さんは、仕事として割り切ってやってる部分が大きいじゃないですか。まぁ、そういうプロという素材をうまく使うという方法もあるんでしょうけど……。そうじゃなくて、ただ出てみたいという好奇心だけでやって来て、これだけのことをしたら、これだけのお金が貰えるというような意識が全くない女のコの、プライベートに近いセックスが撮りたいんですよ。だから『私を女優にして下さい』を制作するとき一番神経を使うのも、素人の飾らない素の部分を描き出すということなんです。地方に出張していくという形をとっているのも、女のコが暮らしているフィールドにこっちが出向いた方が、女のコのプライベートな部分が出やすいだろうというのがあるんです。東京に来てもらって、面接をして、撮影するという手順を踏むと、女のコのバックボーンなんて、全く見えなくなっちゃいますからね。『私を女優にして下さい』に出た女のコが他のビデオにも出たいというんで、安達監督（V&R社長）の現場に連れて行ったことがあるんですよ。そうしたら、プロの女優さんなのか素人なのか、全くわからなくなっちゃったんですよね。素人でも現場に入ると、自分が頭の中で描いているAV女優像を演じちゃうんでしょうね。そうならないように、女のコのテリトリーに踏み込んでるんです。それから、なるたけ撮影だという意識を与えないようにすることにも万全の注意を払ってます。『撮影始まります』なんていわないで、カメラは会ったときから廻しっぱなしにして、会話するときもファインダーは絶対に覗かないし、チンポをハメたままフィルムチェンジしてますから。この人は、普通に会話したり、セックスしてるついでにカメラを廻してるんだなと思わせないと、彼女たちの本当の部分は撮れないですからね」

（『おとなの特選街』１９９９年8月号）

松尾は他にもテレクラで会った素人女性をハメ撮りする『これがテレクラ！』『燃えよテレクラ』といったシリーズを撮るなど、素人女性にこだわっていく。

『私を女優にして下さい』シリーズは、V&Rを退社し、自らのメーカー、ハマジムを設立したあとも『私を女優にして下さいAGAIN』として、現在も続行中だ。

また1997年からは、監督や男優が素人女性をナンパしてハメ撮りできるかを競いあう『テレクラキャノンボール』シリーズ（h.m.p　2009年よりハマジム）も開始。2014年には『劇場版　テレクラキャノンボール　2013』を劇場公開し、大きな話題を呼んだ。同作は一般映画に混ざって『映画秘宝』誌（洋泉社）の2014年の年間ベストテンで9位、『映画芸術』（映画芸術社）誌の日本映画ベストテンで5位に選出されるほどの高い評価を得ている。

素人投稿誌に集まる「本当の」素人

AV業界では、90年代半ばからインディーズビデオ＝セルAVが台頭してくるのだが、当初はレンタルメーカーに人気女優を押さえられているため、企画女優を起用せざるをえなかった。

そのために必然的に「素人」物も多かった。無名の企画女優は「素人」として撮影されることが普通だったからだ。

こうした企画女優の中から、人気に火がついて企画単体と呼ばれる女優が生まれるのだが、彼女たちも最初は「素人」役でAVデビューを飾っている。

つまりAVにおける「素人」のほとんどが、プロダクションに所属する企画女優なのだが、それは公然の秘密のようなもので、ほとんどのAVユーザーも、それは承知して見ている。ナンパ物などの一部の例外を除いて、「本当の素人」は登場しない。いや、ナンパ物でも女優を仕込むのは日常茶飯事なのだ。本当にナンパをしている場合でも、保険として女優を用意しておくのである。リアルさを出すために、女優であることをナンパ師には隠しておく場合もあるようだ。

これは雑誌においても同様である。ごく一部を除いて、「素人」として誌面に登場している女性のほとんどが企画女優である。

『おとこGON！　パワーズ』（ミリオン出版）という雑誌が第3号（1999年10月5日発行）で「雑誌別素人ヌードの真贋大検証!!」という特集をやっている。

「同じネーチャンなのに、名前も年齢も職業も違う。いったい雑誌、週刊誌で脱がされまくる素人娘は本当の素人なのか。業界誌をすべてチェックし、編集部を電話で直撃！その真相を突き止めた!!」として、複数の雑誌に登場している「素人娘」を特定し、「あのぉ、この女の子、他誌では女子大生だったんですけどぉ」と編集部に電話するという企画だ。

この『おとこGON! パワーズ』を発行しているミリオン出版自体が、『URECO』などのエロ雑誌も出している出版社であり、あくまでも「わかっている」上でのジョークの企画である。ちゃんと自社の『Men's MASTER』という雑誌まで検証し、モデルであることを暴いているのも面白い。

そして、この特集でも素人度が高いと断言されているのが『アップル写真館』（大洋図書）、『投稿ニャン^{2}倶楽部』（コアマガジン）などの投稿雑誌だ。

最初の素人投稿誌といわれる『投稿ニャンニャン写真』（サン出版）が1987年、そして『ニャン^{2}倶楽部』の前身である『ニャン^{2}PRESS』（少年出版社）が1988年に創刊されている。

ちなみに、この2誌の誌名に使われている「ニャンニャン」という言葉は、1983年にタレント高部知子がベッ

「投稿ニャン2倶楽部 1989年7月号」
白夜書房

ドで裸で煙草をくわえていた写真が流出した騒動のときに、その写真を掲載した『FOCUS』（新潮社）の見出しに使われたことが語源であり、セックスを意味するキーワードとなっていた。そのため、当時はセックス写真を「ハメ撮り」ではなく、「ニャンニャン写真」と呼んでいたのである。

『アップル写真館』と『熱写ボーイ』（東京三世社）、そして『ニャン²PRESS』からリニューアルした『ニャン²倶楽部』が1989年に創刊。90年代後半の素人投稿誌最盛期には約40誌が乱立した。

素人投稿誌が誕生するきっかけになったのは80年代のアクションカメラブームだ。この時期のエロ雑誌には必ずといっていいほど、読者投稿のコーナーがあった。その多くは、アイドルのステージでのパンチラや、登下校時のプライベートなどを撮影したものだったが、その中に彼女やナンパした女の子のヌードを撮ったものも増えてきた。

「ちょうどこの頃、『写ルンです』みたいな簡易カメラが発売されてるんですよ。それで写真を撮る人が一気に広がった。彼女とディズニーランド行って、フィルムが余ってたらその後のホテルでも、つい撮っちゃうでしょう（笑）。でもモロな写真は撮っても街のカメラ屋じゃ現像してもらえない。だから、うちの雑誌ではプリントして返却しますよってうたったら、投稿が一気に増えたんですよ」（『ニャン²倶楽部』夏岡彰編集長　週刊プレイボーイ　2012年12月3日号）

こうした投稿誌の「素人」は、本物だった。これが「素人が撮った素人」ジャンルであり、ここにプロのモデルが入り込むことは、ほとんどない。

次第に投稿者同士がライバル心を持って競いあうようになると、内容はエスカレートしていった。大股開きや普通のハメ撮りでは飽きたらなくなったのか、異物挿入やアナルファック、放尿や浣腸などのスカトロ、そして緊縛や野外露出とSM色の強いプレイを撮影する投稿者も増えていく。1996年には、野外露出投稿専門誌の『ララダス』（メディアックス）が創刊されるに至った。

「本当の素人」の方が、「プロの素人」、すなわち企画女優よりも、過激なプレイを見せるという逆転現象が起きていた。

実際に企画女優を使って、あれだけ過激な写真をあれだけ大量に掲載した雑誌を作ろうとすれば、とんでもない制作費がかかるだろう。本当に読者投稿だからこそ、あれだけの内容のものが作れるのである。

ネット時代を迎え、素人の過激化は、このあとさらに進んでいく。

インターネットに溢れる素人ヌード

インターネットが一般的に普及する90年代後半以前にも、パソコン通信と呼ばれるクローズドなネットワークの中でプライベートな写真を交換しているマニアたちは存在した。

有名なのが、１９９６年に開設された『フロンティア』だ。ナンパ師が素人女性をナンパして撮影した画像を有料でダウンロードさせるというシステムだったが、１９９９年に運営者が逮捕されたあとに、その画像は他の掲示板で拡散していった。それらの画像はＰＧＦ（Photo Gallery Frontier）と呼ばれ、20年近く経った今でもインターネットのあちこちで見かけることがある。

『フロンティア』の運営者が逮捕されたのは、児童福祉法違反とわいせつ図画公然陳列の容疑だった。撮影された女性の

流出したフロンティア画像

中に高校生などの未成年が含まれていたこと、そして画像が無修正だったからだ。未成年の少女の無修正画像、それはエロ雑誌やAVなどの正規のアダルトメディアでは絶対に扱えないものであった。

インターネットも当初は、「海外の無修正画像が見放題」だと騒がれていたことがあった。ネットが無法地帯だというイメージは広がりつつあった。

また1996年には、投稿マニアが画像を貼りあう投稿サイトが既にインターネットに開設されている。

こうしたインターネットへの画像投稿を加速させたのが、デジタルカメラの普及だった。

1995年にカシオが発売したQV－10の大ヒットにより、デジタルカメラ市場は一気に加熱した。QV－10はわずか25万画素だったが、翌年に発売されたオリンパスCAMEDIA C－800Lは3倍以上の81万画素。さらにその翌年の1997年には同じくオリンパスがCAMEDIA C－1400Lで141万画素を実現。デジカメはフィルムカメラに取って代わる存在となった。

局部を撮影しても、街のDPEサービスでは現像できないという悩みのあるフィルムカメラと違い、デジタルカメラは現像不要。しかもデータをそのままネットにアップロードすることができる。投稿マニアにとってはメリットだらけだった。

自ら裸身を晒す「女神」たち

さらに２０００年にはＪフォンがデジタルカメラ内蔵の携帯電話「Ｊ－ＳＨ０４」を発売。デジタルカメラでの撮影は一気に身近なものになる。

そこで生まれたのが、「女神」と呼ばれる存在だった。２ちゃんねるなどの掲示板サイトに自らのヌード画像をアップする女性のことだ。

自分のヌードをネットに公開しても、ギャラが発生するわけではない。しかし、画像を見た人たちからの賞賛のコメントが次々と書き込まれると、その反応が嬉しくなり、さらに過激な画像をアップするようになっていく。露出することによる性的な興奮を求めてというよりも、単純に好奇心や自己承認欲求によって「女

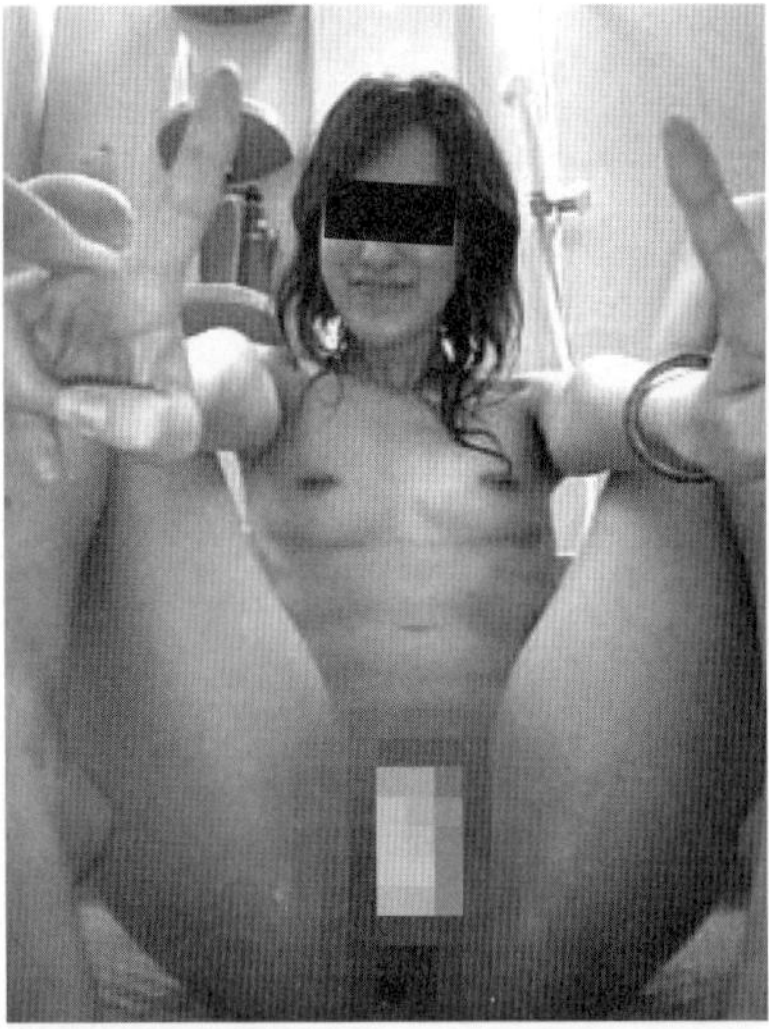

「女神」として有名なS嬢

神行為」を始めて、その魅力にはまっていく子が多いようだ。

画像をアップして、すぐに消す「即デリ」をする女神も多いが、多くの場合はその画像は保存され、他の掲示板に貼られたり、まとめサイトに転用されたりして、ネットの海に漂い続けることになる。

また00年代半ばには、ウィルス感染によるプライベート画像流出も多発した。コンピュータに保存されているファイルをネットに公開してしまうウィルスで、その中に恋人のヌードやハメ撮りした画像などが含まれていると、一気に拡散してしまう。画像に含まれている情報や、ＳＮＳのデータなどと紐付けられて身元が判明してしまうこともあり、無修正のヌード写真と実名や勤務先の名称などが一緒にネットに流れるといった事件も多かった。

デジタルカメラの普及は、プライベートなポルノ画像の撮影をカジュアルなものにした。その多くは、公開を目的としない撮影であったが、ウィルスの感染や、別れたあとの腹いせとして意図的にネットに流出させるケースも多く見られた。後者はリベンジポルノと呼ばれ、世界的に問題となっている。

このようにネットには、公開を意図している／していないにかかわらず、撮影された無数の素人ポルノが溢れている。そして、その多くは無修正であり、また18歳未満の少女のものも多い。

無修正も、18歳未満の少女のヌードも、日本では法律で禁止されており、正規のアダルトメディアでは扱うことはできない。それはネットでも同じなのだが、管理者が管理しきれない掲示板や日本の法律の適用外にある海外のサービスなどでは、そうした画像を簡単に入手することができるのが現実だ。

10年代から急速に普及したTwitterでは、エロ垢と呼ばれるエロ用のアカウントに自らのヌード写真をアップする女性が数多く存在する。その大半が女子高生や女子中学生の18歳未満の少女なのだ。

彼女たちは「20RTで見せてあげる」といったツイート（投稿）でフォロワーにリツイート（RT　転載投稿）を促す。そしてリツイートが目標数を上回ると、自ら撮影した乳首や局部の画像をツイートするのだ。2ちゃんねるなどの掲示板よりも、手軽に扱えるということで、女神たちはTwitterへと主戦場を移していった。フォロワー数やRT数を競うゲーム感覚で、彼女たちは自らの裸身をネットに晒すのである。「くぱぁ」と称される自分の指で自分の性器を押し開く画像も珍しくない。

しかし、少女が自分で自分のヌードを投稿した場合でも、児童買春・児童ポルノ禁止法に抵触する。

警察庁が２０１３年度にまとめた児童ポルノ事件の被害者は６４６人だが、そのうちの42％は自分で自分を撮影した自画撮りだった（「時事通信」２０１４年3月6日）。

２０１４年に逮捕者を出したことで話題となったＦＣ２ライブのように、セックスや女性のオナニーを生中継するネット配信も増えた。こうした配信は、途中から課金が必要となる有料番組が多く、商業的な意味合いが強いが、出演する女性のほとんどは、プロダクションには所属していないバイト感覚の素人だ。

ネットには「本当の素人」の裸が溢れているのである。

ナンパＡＶの終焉

その一方で、旧来のアダルトメディアでの「素人」のあり方も、また変わりつつあった。まず素人物ＡＶの代表ともいえるナンパ物の撮影が難しくなった。

その大きな理由のひとつが２００８年の東京都の迷惑行為防止条例改正だ。路上でのスカウト行為やキャッチを禁止するこの条例のおかげで、ナンパＡＶの撮影が事実上不可能になってしまったのだ。

そのため、ナンパＡＶは、企画女優に素人を演じさせる「仕込み」物が中心になってしまった。それにはトラブルを避けるためのメーカーの自主規制が厳しくなっているという背景もある。街頭撮影で映り込む通行人の顔や看板にモザイクをかけることも必須になりつつある。

しかし、「仕込み」が主流になっていることには、もうひとつの理由があるのだ。それがユーザーのニーズである。

「素人」のあり方に変化が訪れたのは、00年代に入ってからだろう。変化の背景としては、AVの市場がレンタルからセルへと移り変わったことがある。

数百円で借りて視聴できるレンタルビデオに比べて、数千円払って購入しないと見ることができないセルビデオは、必然的にユーザーの要求が厳しくなる。

またネット時代になり、レビューなどのユーザーの声がメーカーに直に届いたり、他のユーザーの参考にされたりするようになると、メーカーもユーザーのニーズを大幅に取り入れることが必要になる。それまで、どんぶり勘定だったAVの世界に、初めてマーケティングの概念が導入されたといってもいいだろう。

その結果として起こったのが「ユーザーの贅沢化」だった。発売されるAVのタイトルの増加や、ネットによる情報交換の手軽さもあり、ユーザーはAVに対して目が肥え、要求も厳しくなった。

レンタル時代に多かった制作者側の創作エゴの押し付け的な作品、例えばAVのフォーマットを借りて、エロにとどまらないドラマを描こうとする試みは、ことごとく否定されることとなった。

それ自体は、正しい流れといえるだろう。AVもあくまでも商品であるのだとすれば、ユーザーのニーズに応えることが必要だ。

「お客様に喜んでいただける作品を作る」

商品を作るメーカーの姿勢としては、何ひとつ間違っていない。

しかし、それは「素人物」においては、意外な弊害として現れた。

ユーザーが「素人」を殺した？

インディーズと呼ばれていた時代からセルAVは「素人物」に強かったのは先述の通りだが、セル系メーカーの勢いがレンタル系メーカーを凌駕するようになってくると、女優のキャスティングも充実し、その差は曖昧になりつつあった。

00年代半ばになると、中堅メーカーや小規模なメーカーが「素人」を前面に押し出した作品でヒットを飛ばすようになる。

その代表的なメーカーがプレステージだった。「SEXにおしゃれを持ち込め!!」というキャッチフレーズ通りに、女性ファッション誌のようなカジュアルでおしゃれなパッケージの『Tokyo流儀』シリーズや、ギャルAVの流れを作った『WATER POLE』シリーズなどが人気を集めた。

プレステージが画期的だった点は、とにかく出演モデルのルックスのレベルが高かったことだ。初期は、人気女優であっても、あえてパッケージには名前を出さずに「素人」として扱うなどの方針もあり、有名無名こだわらずに可愛い子を起用した。それまでのAVにあった「素人＝あまり可愛くない子」という常識を覆したのである。

このプレステージの躍進から、他のメーカーの「素人物」もルックスのレベルの向上に励むようになった。

その結果が「素人でも、可愛い子でなければ許されない」という風潮を生み出してしまう。素人ならではのリアルな生々しさよりも、AV女優としてのルックスのレベルを要求するようになってしまったのだ。

これは他のジャンルでも起きている。インディーズ黎明期からフェチ、マニア向けの作品を撮り続けているアロマ企画の笠井貴人《きじん》監督はユーザーの変化について、次のように語っている。

「（前略）ただ全体的には作品も増えているしネットなどフェチ的なものは手に入るので、ユーザーの目が肥えてきているんです。だからマニア向けの作品でもモデルのルックスがよくないと売れないという傾向はあります。以前は母乳物でも量が出れば顔が映らなくてもよかったけれど、今は可愛くないとダメなんです」（『ＮＡＯ　ＤＶＤ』２０１０年２月号）

これは他のマニア向け監督からも聞いたことがある。例えば、以前は本当のザーメンマニアの女性がいれば、多少ルックスに難があったとしてもマニアは喜んで買ったのだが、現在はルックスがよくなければ売れない。したがって、ルックスのよい女優に、マニアのふりをしてもらう方がセールスがよいというのだ。

ナンパ物でも同じだった。可愛い子ばかりでなければ、ユーザーは納得しない。しかし、実際に素人をナンパして、可愛らしい子ばかりを撮影できるかというと、そううまくはいかない。

カンパニー松尾監督による『劇場版　テレクラキャノンボール　２０１３』では、登場する素人女性たちの玉石混交ぶりが話題となったが、実際にリアルにナンパ物を作るとすれば、これが現実だろう。『劇場版　テレクラキャノンボール　2013』は、エンターテイメントとして受け取られたため高い評価を得たが、これを純粋に現在のAVとして見ると、商品として成り立つかどうかは難しいところだ。「迷惑行為防止条例」などの規制によって、本当の素人を起用するのが難しくなった制作側と、本当の素人かどうかよりもルックスを求めるユーザーのニーズが一致してヤラセは横行した。現在のAVにおける「素人」は形骸化しているのだ。

ネットでは、未成年の少女が自らの意志で自分のヌードを無修正で晒しているという現状において、正規のアダルトメディアが無理をしてでも「素人」を描く意味は、どんどん失われているといえよう。

そして「素人」とは何なのか？

ネットでの女神行為の延長線上に、AV女優を志す素人女性も増えつつある。女子高生のころから女神として人気だったことから、「こんな風に男の人が喜んでくれる仕事があるならやってみたい」とAV女優になることを決意しデビューを果たし、人気女優となった初美沙希や、ニコニコ生放送での「全裸ダンス」や「素股ギター」などの過激な配信で話題を呼んだあとにAV女優となった片桐えりりかのような例は珍しくなくなった。

また木下柚花《ゆずか》のようにプライベートのハメ撮り画像が流出して有名になってしまった女性が、後にAV女優としてデビューするというケースもある（本人が自身のブログで公表した）が、既にAVデビューが決まっている女性が「あのネットで有名な子が」と売りだすためにネットに画像や動画などをアップして、女神を装うケースも増えてきた。

こうなってくると「素人」とは果たして何なのか、よくわからなくなってくる。しかし、「素人」という言葉の持つ魅力は、今でも輝きを失っていないようだ。

いくらでも簡単に無修正のヌードを見ることができるという現状においても、駅などの階段で素人女性のパンチラを撮影しようとして捕まってしまう男性があとをたたない。冷静に考えてみれば、一生の破滅につながってしまうような危険な橋を渡ってでも、そんな行為を犯す意味はわからない。

また、地上波のテレビ番組で映ったちょっとしたお色気シーンが話題になったり、そのキャプチャーをまとめた記事がネットにあがったりするのも、不思議な気がする。もっと刺激的な画像がネットにはたくさん転がっているのに、だ。

しかし、当たり前に見られるものよりも、通常では見られないものの方に価値を感じてしまうというのもエロの面白いところだ。

その本能的な感覚がなくならない限り、「素人」というマジックワードが通用しなくなることもないのだろう。たとえ、その概念が既に形骸化しているとしても。

第四章

痴女は女が作った

痴女とは痴漢の女性版？

そもそも痴女とは、痴漢の女性版、つまり男性に痴漢行為をする女性を指す言葉として使われることが多かった。

『大辞林』（三省堂）では「①（「痴漢」が男であることに対して）男性にみだらないたずらをする女性。②おろかな女。ばかな女。」と書かれている。これは完全に「痴漢」の項の「①電車の中や夜道などで、女性にみだらないたずらをする男。②愚か者。ばかな男。」に対比させた説明だ。

この言葉自体は、かなり昔から使われていて、『週刊現代』（講談社）の1965年7月31日号には「痴女の季節　男性こそ被害者だ」という記事が掲載されている。東京鉄道管理局のデータによればこの3ヶ月間の痴漢被害のうち男性によるものが47％、女性によるものが53％で、痴漢よりも痴女の方が多いという内容だ。阪急電車の中でBG（ビジネスガール）風の美女に股間を触られた27歳男性の体験談などが語られている。

また1973年5月16日号の『週刊ポスト』（小学館）にも「痴女の告白　私は通勤電車の中で2000人の男を昇天させた」という記事が掲載されている。

翌1974年1月号の『小説宝石』（光文社）には「男を買う痴女たち」というルポ

が掲載されているので、当時も痴漢の女性版という意味以外でも痴女という言葉は使われていたようである。

しかし、「男性を責めることで興奮する女性」という現在のＡＶでの「痴女」像が、はっきりと形作られたのは、90年代以降だろう。

その原点としては、１９８６年の出演作『ＳＭぽいの好き』（クリスタル映像）が大ヒットし、ＡＶ女優のみならず、新しいタイプの文化人としても有名になった黒木香があげられる。

痴女の原点としての黒木香

当時、横浜国立大学教育学部美術学科３年生だったという黒木香の登場は衝撃的だった。ヘルムート・ニュートンの写真のモデルに憧れて伸ばしているというワキ毛もインパクトがあったが、それ以上にそのキャラクターが強烈だった。

「SMぽいの好き　黒木香」
クリスタル映像　1986年

作品冒頭では、丁寧な言葉づかいで、熱くイタリア美術への思いを語る。そんなインテリジェンスを感じさせる美女でありながら、いざ、セックスが始まると豹変してしまう。男優役の村西とおる監督に、大股開きにさせられて、下着越しに股間を触られると、息が荒くなり、目つきが変わる。悦楽の表情を浮かべて、「あー、あー」と激しい喘ぎ声をあげる。

舌や指で性器を責められれば、息も絶え絶えとなって、のたうち回る。とても、さっきまでイタリア美術を語っていた上品な美女と同一人物とは思えない変貌ぶりだ。

村西とおる監督に、カメラに向かってオナニーするように命令されると、満面の笑みを浮かべながら指を挿入し、かき混ぜる。

「何本指が入ってるの？」

「4本」

「4本。そんなに入れたら体に毒だ。抜きなさい」

「いや。抜きたくないの」

そんなやりとりのあとに、いよいよ本番へと突入する。

「あー、あー、もっとよ、もっと、そうよ、そうよ、ングング」

喘ぎ声というよりも、もはや奇声だ。

騎乗位になると村西監督は、黒木香にモニターを見せる。自分が映る姿を眺めながら、嬉しそうに見せつけるポーズをとる黒木香。

クライマックスはアナルファックだ。初めて男性のものを肛門に受け入れる黒木香は、目の焦点の合っていない表情で呻《うめ》き声をあげる。苦痛なのか、快感なのか、見ている側には判断できないが、時折、満面の笑みを浮かべている。

それはセックスの快感を味わっているというよりも、狂気の領域に踏み込んでいるようにも見える。

村西監督自身は、当初は黒木香がそれほどの存在となるとは考えていなかった。『アダルトビデオ　村西とおるとその時代』（本橋信宏）によれば制作費は正味6万円。那須の1泊3万円のペンションを2日間借りて撮ったものだという。黒木本人に対しても、こんな気取った女が本当に本番撮影できるのかと疑っていた。しかし、いざ撮影が始めると、黒木のあまりの絶叫ぶりに、外に声が漏れてしまい中止を考えたほどだった。

撮影が終わってからも村西監督は「こんなものは売れないのではないか」と一度は発売を見送ろうとした。黒木香の激しい反応は、それまでのＡＶ女優のそれとは、あまりにも違っていたからだ。

特に『SMぽいの好き』の発売された1986年は、宇宙企画の黄金時代が始まり、小林ひとみがデビューして大ブレイクしていた時期だ。清純派AVアイドルなどという矛盾した存在がもてはやされ、売れる女優は疑似本番であることを、むしろ誇りのように語っていた。

もちろん、黒木香以前にもセックスに積極的な女性、つまり好色な女性像がアダルトメディアで描かれることはあった。絵沢萠子《もえこ》、松井康子、橘雪子などの女優が、好色な女を演じる成人映画は数多く作られているし、元祖熟女スターとして活躍した五月みどりも、そうしたセックスに貪欲な女性のシンボルだった。

しかし、『SMぽいの好き』での黒木香の反応は、それらに比べても激しすぎた。匹敵するのは一部の官能劇画に登場するデフォルメされた色情狂の女性キャラクターくらいだった。

こんなものがユーザーに受け入れられるのか。村西監督の心配は杞憂に終わる。この『SMぽいの好き』は8万本という当時では異例の大ヒットを記録した。『別冊宝島　昭和史開封！　男と女の大事件』（2015年　宝島社）に掲載された当時の村西監督の右腕だった日比野正明監督の証言によれば、レンタルショップに卸した1万本の他に、購入希望者からの現金書留が約7万通も押し寄せたという。

ギャグすれすれのセリフ回しで、絶妙に黒木香をリードしていく村西監督とのコンビネーションの面白さもあって、AV雑誌やアダルト雑誌にとどまらず、一般マスコミにも取り上げられるようになり、二人は一躍時代の寵児《ちょうじ》となった。

黒木香は、ワキ毛を見せながら、「〜でございます」とバカ丁寧な言葉づかいで（『SMぽいの好き』では、こうした言い回しはしていないので、このあとに作りこまれたキャラクターのようだが）セックスについて語る変わったAV女優という扱いも多かったが、それよりも、女性の立場から性のあり方に言及する新しいタイプの論客として取り上げられる方が目立っていた。

1987年には『良いおっぱい悪いおっぱい』などで知られる詩人の伊藤比呂美と『性の構造』（作品社）という対談集まで出している。

この本で黒木香は「私はセックスが非常に好き、大好きで、もう愛しているんですね」とストレートに語り、「私も、初めてのオーガズムはクリトリスだったんです。相手のクンニリングスによって得たんですが、その二回後くらいに、挿入によって――正常位で私が高く、ぴたっと胸につく程足をあげた状態において――深く入れられた時に、非常に激しいピストン運動によってオーガズムを得たんです」と具体的な体験談も披露している。

最強の「淫乱」、豊丸

１９８８年には、もう一人の「痴女」のプロトタイプが登場する。『吸淫力〜史上最強のワイセツ』（芳友舎）でデビューし、淫乱ブームを牽引した豊丸だ。淫乱ブーム自体は、前年の１９８７年に代々木忠監督が『いんらんパフォーマンス』（アテナ映像）シリーズをスタートさせ、その第１弾である『ＧＩＮＺＡカリカリ娘』で咲田葵がデビューしたことから始まった。

その印象を、ライターでＡＶ監督のラッシャーみよしはこう語っている。

「それまでのＡＶ女優と雰囲気が全然違っていて、ロリロリした美少女路線とは対極的な大人の女。女の側から男を誘うという考えられない（当時としてはね）ことをしていたのだった。僕も現場でちょっかい出されたもん（笑）」（『好奇心ムック　80年代ＡＶ人全』双葉社　１９９９年）

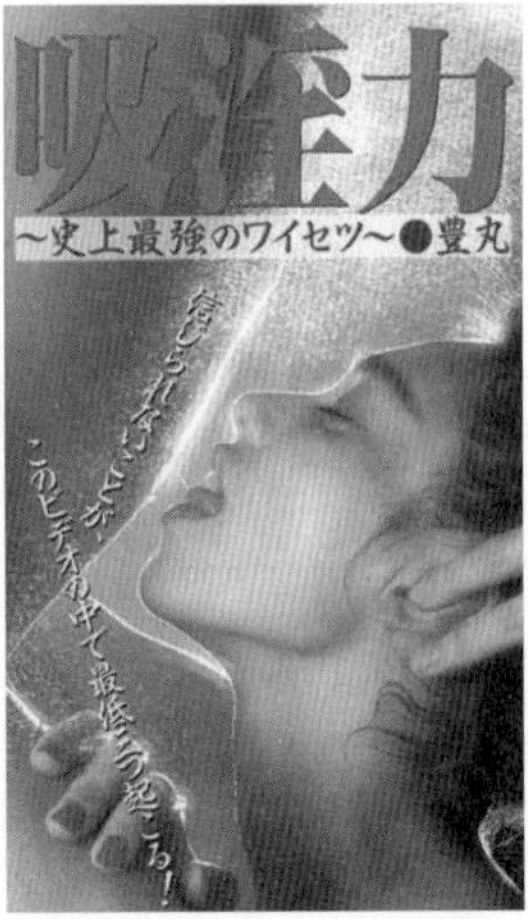

「吸淫力～史上最強のワイセツ　豊丸」
芳友舎　1988年

「彼女の場合『男をファックする』という表現が適切。まさに『女が勝手にセックスをむさぼっている』というキーワードが咲田葵のビデオの中にはあったんです。女がここまで露骨に本能丸出しでセックスを楽しんでいる姿なんか誰も見たことがなかったから、当時の男たちは頭にハンマーがガーンと振り降ろされたくらいの衝撃を受けたはず」

（『別冊宝島　100万人のアダルトビデオ』宝島社　2002年）

その大胆で派手なセックスは話題となり、シリーズのタイトルから、「淫乱女優」の異名がついた。続いて、やはり『いんらんパフォーマンス』シリーズの第9作『色即是《しきそくぜ》空《くう》』で沖田ゆかりがデビューする。今では当たり前になっているが、当時は珍しい潮吹きをするということで有名になった女優だ。

咲田、沖田、豊丸、そして男好きする色気を持った栗原早記《さき》の4人が淫乱四天王と呼ばれるようになるのだが、その中でも突出した存在だったのが、豊丸だった。

目も口も大きく派手な顔立ちであり、体つきもどこか日本人離れしたところがある豊丸は、可憐な美少女が人気の当時のAV業界では主流になりえないルックスではあったが、その過激なセックスパフォーマンスは、大きな話題を呼び、時代を代表する女優となった。

なにしろ乱交は当たり前。ペニス2本同時挿入に、特大ディルドや大根などの異物挿入で、見るものの度肝を抜いた。

また感じっぷりも凄まじく、白目を剝《む》いて、その大きな口を開いて絶叫し、痙攣《けいれん》する姿はそれまでの日本人女性のそれとはあまりに違うダイナミックなものだった。

実際の彼女は、しっかりとした常識人だったというし、ベテラン男優・加藤鷹が「今までからんだ中で一番の女優は？」と聞かれて彼女の名前をあげたというエピソードからも見た目だけの派手なセックスをする女性ではないことがわかるのだが、世間が持つイメージはやはりキワモノにすぎなかった。

豊丸の大ブレイクをきっかけに、前述の3人以外にも多くの淫乱女優が登場したが、ブーム自体は2年足らずで収束。

樹まり子や桜樹ルイのように、トップアイドルであっても、ハードなカラミを見せる女優は増えてはいたが、「女の子は基本的に受け身」だという風潮は、やはり変わらなかった。

また淫乱女優たちも、セックスに貪欲ではあっても、男を責めるよりも受け身のときの反応が激しいというスタンスであり、後の痴女とは少し違っていた。彼女たちは、あくまでもプロトタイプである。

しかし、ＡＶとは少し離れた場所で、新たなムーブメントは起きていた。現在の痴女のスタイルはそこで生まれたのだ。

美療系という風俗

90年代初頭に、あるサービスが一部の風俗店で注目を集めていた。それが前立腺マッサージだ。

前立腺とは男性のみに存在する器官で、尿道を取り囲むような位置にある。実は現代医学においてはその機能はまだ解明されていないが、そこを刺激することで強い快感を得ることができるといわれている。

肛門から指を挿入して、前立腺を直接刺激するのが前立腺マッサージだ。

ライターの永沢光雄が『Crash』（コアマガジン）に連載していた風俗ルポに前立腺マッサージ店の草分け存在とされる池袋の「アイ美療」の社長がその発祥について、こう語っている。

「この商売は、実は十年ぐらい前からあるんですよ（取材は１９９０年6月）。巣鴨に巣鴨美療というのがありましてね。もともとは、不感症の女性のための性感マッサージだったんです。『ザ・テクニック』とか言ってたかな。もちろん、マッサージ師は男でした。でも、やっぱり女性だけを相手にしてたんでは、数に限りがあるでしょう。それで男性のお客さんのためのコースとか、夫婦や恋人同士のカップル相手のコースなんかを作ったんです。カップル相手のコースっていうのは、要するに前戯をいろいろと教えてあげるわけです。セックスがマンネリ化してしまった男女に、新しい刺激を与えるんですね。それで、去年、何か新しい商売をしようと思った時、その店のことを思い出したんです。あれでいってみようと。そうしたら、思った以上にヒットしちゃいましてね。どんどん同じような店が増えてきました」（永沢光雄『風俗の人たち』筑摩書房）

雑居ビルやマンションの一室でひっそりと営業し、白衣を来た女性が、診察台の上で四つん這いになった男性客の肛門に指を挿入して前立腺を刺激するサービスを行うというスタイルが少しずつ確立し、80年代後半から増加していった。こうしたサービスを行う店は店名に「美療」とついていることが多かったため「美療系」風俗と呼ばれるようになる。そして、そのあとには性感マッサージ店という名称が定着した。

女性（あまり若くないことが多い）は白衣を脱がずに、客からのタッチもできないという他の風俗とは一線を画したサービス内容であり、多くの店は風俗店としての看板は出しておらず、スポーツ新聞や夕刊紙の三行広告が頼りと営業形態も特殊なものだった。つまりアンダーグラウンド色の強いマニアックなジャンルの風俗店だったのだ。

そんな美療系（性感マッサージ）風俗店が90年代に入って一躍脚光を浴びる。そのきっかけが南智子という一人のスターの登場だった。

南智子が見せた革命的なプレイ

南智子が、その存在を知られるようになったのは代々木忠監督の『性感Xテクニック』シリーズ（アテナ映像　1991年〜1992年）に出演したことがきっかけだった。

1987年に『いんらんパフォーマンス』シリーズで淫乱ブームを牽引するなど、男と女のエクスタシーのあり方にこだわっていた代々木監督が新たな新境地に挑んだのがこの『性感Xテクニック』であり、その主役が南智子だった。

1991年7月に発売されたその第1作では、これまでオーガズムに達した経験がない今井加奈が、赤い下着姿の南智子に性感マッサージを受けているところから始まる。

セックスでもオナニーでもイッたことがないという今井加奈の全身に南智子が指を這

わせていく。さわさわと肌の上を滑っていくような繊細なタッチで愛撫をしながら、南は加奈に話しかける。

「ほーら、加奈ちゃんも、思い切り声を出して。ここんとこ、どう？　自分で触ったことある？　ここをいつも彼に舐《な》めてもらうの？　気持ちいいよね、舐めてもらうと。加奈ちゃんのお尻、すごくスケベだね」

　ささやくような甘い声で南はしゃべり続ける。次第に加奈の息が荒くなり、そしてはっきりと快感に悶え始める。

　やがて、南が張り型を挿入して、巧みに操りだすと、加奈の反応はさらに激しいものとなり、ついには絶頂を迎える。

　プレイが終わったあと、汗まみれになった加奈はスッキリしたような表情で「気持ちよかった。くせになっちゃう」とカメラに向かって答える。

　続いては、当時トップ男優であった日比野達郎と南智子の対戦だ。

「性感Xテクニック」
アテナ映像　1991年

南は日比野を四つん這いにさせ、加奈にしたのと同じように身体中に指を這わせる。

「ほら、こんなにビンビンになってるよ、乳首。ねぇ、ここ、みんなに見せちゃおうよ」

そう言いながら、日比野のブリーフを引き下ろす。

「ほら、すっごいエッチなお尻してるね。男のおまんこ丸出しだよ」

南は肛門を「男のおまんこ」、ペニスを「クリトリス」「クリちゃん」と呼ぶ。男を女扱いすることで、羞恥心《しゅうちしん》を煽《あお》り、さらに性差の垣根を取り払ってしまう。

「あなたのおまんこに私の指、入ってるんだよ、いやらしいねぇ」

「興奮しちゃう。すごくエッチだよ、あなた」

南は鏡の前で日比野をなぶったり、縄で縛り上げたりもする。Tバック下着に包まれた尻を顔に押し付けて顔面騎乗もする。

まるでSMクラブの女王様のような責めっぷりだが、あくまでもその口調は優しくいやらしい。決して乱暴に脅すようなことはしない。

やがて、日比野はアンアンと女の子のような声をあげて悶え始める。横のソファに座って、二人を見ていた加奈も興奮し、オナニーを始める。

「私のクリちゃんを、あなたのおまんこにつっこみたいの」

そう言って、南は張り型を自分のペニスのように構えて、日比野の肛門へと挿入する。

日比野は甘い悲鳴をあげ、強烈な快感に身をよじる。

南の責めのスタイルは、まさに現在のAVで描かれる「痴女」のプレイそのものである。この時点で既に現在の「痴女」像は完成しているといってもいいだろう。

『性感Xテクニック』では、南智子はSEXYエステティシャンという肩書きでクレジットされており、Tバックのセクシーな下着姿にはなるものの、それ以上の露出はなく、またセックスどころか、フェラもキスもしない。男優から南へのタッチもさせていない。指と言葉だけで、手練《てだ》れの男優に今まで経験したことのないほどの快楽を与えさせてしまったのだ。

これは、南が当時所属していた風俗店「乱コーポレーション」での接客スタイルそのままである。

男を責めたいという性癖

南智子は美大を中退後、20歳で風俗の世界へ飛び込んだ。ピンクサロンやソープランドに勤務するが、そこでは彼女の才能は花開くことはなかった。それは南の特殊な性癖がネックとなっていたのだ。

南は幼稚園児の頃からオナニーを覚えていたのだが、その「オカズ」からして、少々変わっていた。

「子供向けアニメで悪役がやられるシーンを思い出しながら。当時から妄想のオカズがないとダメ。特に西部劇に出てくる、ワイルドでむさいクマ男が女の子にやられちゃうシーンに興奮しましたね」（『AERA』朝日新聞出版　2005年9月12日号）

男が女にやられるシチュエーションに性的興奮を覚えるという性癖は、南が成長するにつれ、確固たるものとなっていった。

「普通の女の子って、性の興味って自分に向かうらしいんです。自分の体がどうなっていくんだろうとか、好きな人にどう愛されたい、とか。でも私は、男の人の表情が見たかった。男の人のエッチな表情が見たいって欲望があったんです。その話を周りの女の子にすると、みんな驚くんです。『そんなこと考えたこともない、あんたおかしいよ』とまで言われましたね」（『デラべっぴん』英知出版　1999年2月号）

「そのとき初めて、自分はふつーの女の子と違うんだと自覚してショックを受けた。孤独や疎外感を感じたし、自分は異常なのかと不安も覚えた」（『AERA』2005年9月12日号）

女は男に責められて感じるのが前提の風俗店では、南は客が求めるような接客をすることができなかった。当時の店では全く指名が取れずに苦戦した。

かといって「雑誌でSMの女王様の存在を知り、新宿のSMバーに通ったけど、『この卑しいブタ野郎！』と蹴飛ばすようなプレイには共感できない」（『AERA』2005年9月12日号）

ところがそんな彼女にぴったりの店があったのだ。それが当時、池袋で営業していた「乱コーポレーション」という性感マッサージの店だった。そこで行われているサービスは、まさに南が望んでいたものだった。初出勤の翌日、さっそく指名が入った。南はその店でたちまち頭角を現し、そして『性感Xテクニック』に出演することで、その名を業界に響き渡らせることとなる。

しかし、ここで重要なのは、南智子が『性感Xテクニック』で見せたプレイスタイルは、南自身が考えたものではなく、彼女が乱コーポレーションに入店したときに、既に確立されていたということである。

女たちが「痴女」を作り上げた

「乱コーポレーション」は１９９１年に池袋にオープンした。いわゆる美療系の流れを汲む店で、池袋北口の雑居ビルの一室で営業していた。

オーナーは女性でＳＭクラブ出身といわれ、ソフトＳＭ（痛みを伴わないＳＭプレイ）と美療系風俗をミックスして、このスタイルを生み出したようだ。

美療系風俗では、男性が一方的に責められるということから、もともとＭ性の強い客が多かったので、この考え方は順当なものだといえよう。また乱コーポレーションでは、美療系ほど前立腺マッサージを重視していなかった。

一時期、南智子のプレイにハマった浅草キッドの水道橋博士が初めて店に行ったとき（グループ店の渋谷「ワイルドキャット」だった）に、希望プレイを尋ねられ前立腺を含むアナル責めをあげたところ、南に「初めてならまだ早いわ」と断られたというエピソードが著書『水道橋博士の異常な愛情』（青心社　１９９５年）に書かれている。アナル責めプレイは必須ではなかったということだ。

「乱コーポレーション」では、むしろ言葉責めがプレイの中心だった。

当時の「乱コーポレーション」で働いていた三代目葵マリーに当時のことを聞いてみた。ＳＭクラブの女王様やＡＶ女優、監督として活躍し、現在はＳＭやフェチ業界のプロデューサーとしての活動も目覚ましい三代目葵マリーだが、ＳＭ業界に足を踏み入れるきっかけは「乱コーポレーション」への入店だったという。それまでは普通のホテルなどで働いていた。

「講習は、ひと通り先輩のプレイを見せられて、そのままパクリなさいって言われましたね。あの店は、個室の壁も薄くて隣の部屋のプレイが丸聞こえなんですよ。それで他の子の言葉なんかをどんどん取り入れるんです。あとで控え室で『あの言葉いいねー』みたいな話してましたね。乱の言葉責めっていうのは、そうやってみんなで少しずつ作り上げていったんですよ。あの頃はみんな向上心があって、どんどんいいプレイをしようって、みんな思ってましたね」

その原型は、プレーヤーでもあった女性オーナーが考案したものだったと思われるが、そこに南智子をはじめとする多くの勤務していた風俗嬢たちのアイディアが積み重ねられ、磨かれていったのだろう。

ここで注目したいのは、「乱コーポレーション」のプレイ、つまり現在の痴女像につながるスタイルを創りだしたのは女性だったということである。

男性の都合のいい妄想の産物のように思われる「痴女」は、実は女性たちが作り上げていったのだ。

これはこれまでにアダルトメディアで描かれてきた他の「女性像」とは大きく異なっている。

「乱コーポレーション」は、その後も多くの姉妹店を出店し、巨大なグループへと成長する。巣鴨に出店した「プラチナ」は、本家とは違って、女の子も全裸になりフェラチオのサービスもあるという通常の風俗に近いスタイル、そして渋谷の「ワイルドキャット」は、よりＳＭ色が強い、など店によって少しずつカラーを変えて営業。やがて都内に20店舗以

「おとこの遊艶地」1993年1月号（リイド社）
掲載のプラチナ（乱グループ）のプレイ

上を擁する日本最大の風俗チェーンとして平成風俗ブームを巻き起こすことになる。現在の風俗でも定番プレイとなっている素股やアナル舐めなども、このグループが一般化させたものである。

乱グループは1995年に国税庁の摘発をきっかけに壊滅してしまうが、そこで生み出された数々のサービスは、他の風俗店へと受け継がれていった。もちろん言葉責めもそのひとつだ。

そして、乱グループが生み出した「痴女」像は、AV業界にも飛び火していた。

AVへ侵食した痴女

『憎いほど男殺し』は1994年から現在に至るまで作り続けられているアロマ企画の人気シリーズである。

アロマ企画は1992年に創立したインディーズ（セル）の先駆け的なメーカーのひとつである。当時はスカ

「憎いほど男殺し SM女王様編」
アロマ映像　1994年

トロやシーメール、キャットファイトからキスだけの作品など、フェティッシュでマニア向けのAVばかりをリリースすることで知られていた。まともなセックスシーンがほとんど収録されていないというのも初期のアロマ企画の特長だった。

「そのときに働いていた店のママ（初代・葵マリー。80年代に活躍した有名女王様）が、もともと鷲本（ひろし）監督と仲がよかったのね。アロマも立ち上げの頃で、制作費も全然ないから鷲本さんから『ママさんのとこの子で何か撮らせてもらえませんか』って泣きつかれたらしいの。それで、お店のテロップ入れるからという条件で撮ったのが『憎いほど男殺し』なの。だから私もノーギャラで出てる。ママに『ホテルに行って、普通にプレイすればいいから』って言われてね。あれが、私のAVデビュー作だったのよね」

このシリーズの第1弾に出演した三代目葵マリーは、そう回想する。三代目葵マリー出演の『憎いほど男殺し』は、まず『女教師編』と『SM女王様編』の2本が発売された。クレジットは、当時の源氏名である水樹千春となっている。

イメージクラブ界の人気・実力ともにNo.1と絶賛される、超売れっ子、水樹千春嬢の登場。彼女の武器は「言葉」、そして我を忘れるほど完全に「役」になりきってしまうこと。とにかくすごいの一言。〝受け〟は絶対にいやだと言う彼女。最初から最後まで、ガンガン攻めまくる。自慢の肉体を淫らにくねらせ、言葉と視姦で挑発し、男を狂わせてしまう。男は圧倒され何もできずただ身をまかせるだけの、まさに〝犯され状態〟。とにかく男を狂わすツボを知りつくしてるのだ！　今回の男も、まるで女のような喘ぎ声をあげて大昇天！　こんな女になら犯されてみたいなぁ。〝犯され願望あり〟の人にはたまらない１本。性感マッサージ編も特別収録。（『女教師編』裏パッケージ）

イメージクラブ界の超売れっ子水樹千春嬢（現・３代目葵マリー）の妖艶な世界へのご案内・第２弾！　今回は千春嬢お気に入りのＳＭ女王様。肉体的な苦痛を与えるＳＭではありません。簡単な縛りで自由を奪って、卑猥なポーズで挑発して焦らして楽しんだり、乳首やアナルへの徹底愛撫・そしてペニス先端を「こねくりオスペ攻撃」と憎いまでの男殺しテクニック。もちろん顔面騎乗や聖水浴などもあり、ＳＭ未体験やビギナーの方々には、大変おいしい１本です。またイメクラファンは勿論の事、犯され願望ありの方々にもお薦めです。どれほど彼女が凄いかは、男の悶声とザーメンの大爆発の飛び散り方を見れば一目瞭然です。（『ＳＭ女王様編』裏パッケージ）

この2作のサブタイトルは「女に犯される快感」となっており、パッケージのキャッチコピーのどこにも、「痴女」の言葉はない。

「乱コーポレーション」で女性たちが生み出したスタイルは既に現在の痴女そのものだったが、当時はそれにはっきりとした名称はつけられていなかったのだ。

『SM女王様編』の表パッケージには、「殴蹴、ロウソク、鞭…など肉体的苦痛の仕置は一切ありません」とも書かれており、従来の女王様とは違うこの「責める女」のスタイルを、どう扱っていいのかわからない作り手の困惑が見て取れる。

この『憎いほど男殺し』は大ヒットとなり、すぐに続編が作られ、シリーズ化していく。現在のアロマ企画が、フェチ色は控えめになり、痴女物が中心のメーカーとなっていることから考えると、『憎いほど男殺し』がその基盤を作ったといってもいいのかもしれない。

ゴールドマンの描いた痴女

さて、「痴女」という言葉をＡＶ業界に定着させたのは誰なのだろうか？　筆者は１９９５年に発売された『私は痴女』シリーズ（クリスタル映像　マニアックレーベル）を監督したゴールドマンではないかと考えている。

『私は痴女』は１９９５年４月に第１作『私は痴女　あなたのさわらせて』が発売され、２０１４年まで断続的ながらも継続している長寿シリーズだ（実はクリスタル映像は１９９０年にも『わたしは痴女　森村麗子』をはじめとして『私は痴女』というタイトルの作品を複数リリースしているが、以降のナンバリングから考えるとシリーズ１作目は『あなたのさわらせて』になるようだ）。

もちろんタイトルに「痴女」とつけられた作品は１９９５年以前にも存在している。１９８７年にもビデックスが『痴女シリーズ』というシリーズ物を出しているし、１９９０年にもセンターフィールドが『痴女のしずく　杉本保奈美』をリリースしている。『私は痴女　あなたのさわらせて』の発売直前の１９９５年２月にも『痴女　異常性欲の女』（ゴールデンキャンディ）という作品がある。

「私は痴女 あなたのさわらせて」
クリスタル映像　1995年

しかし『私は痴女』は大ヒットシリーズとなり、その後に痴女という言葉を使った作品が急増していることを考えると、このシリーズが大きなターニングポイントとなったことは間違いない。

ゴールドマンは1987年に『スーパーエキセントリックROADショウ　電撃!!バイブマン』（アルファビデオ）でAV監督としてデビューし、当初はアート志向の強いアバンギャルドな作品で注目を集めた。中でも1989年の『NEW変態ワールド　なま』（アートビデオ）はハメ撮りというスタイルを形作った先駆的な作品として高い評価を得ている。

しかし、そのあまりに先鋭的すぎる作風のためメーカーと度々衝突し、1993年頃から8ミリビデオ撮影の生々しさを活かした即興性の強いコミカルな作風へと路線を変更。その後はヒット作を連発するようになる。『私は痴女』もそうした中から生まれたシリーズだ。

当時の状況をゴールドマン監督に聞いた。

「あれ（『私は痴女』）は売れましたね。確かあの頃のクリスタル映像の企画物ではダントツだったはず。それを見て、吉原秀一（監督）とかも痴女物を撮りだして、どんどん増えていった」

吉原秀一監督も1995年7月に『真性痴女の告白』（アリーナ）を撮り、この『真性痴女』シリーズは2003年まで継続する大ヒットシリーズとなる。吉原秀一も、この時期に痴女というジャンルを開拓した一人なのだ。

『オレンジ通信』の1995年2月号掲載の新作リストを見ると、タイトルに痴女の文字が入った作品は1本もないが、1年後の1996年2月号では4本（うち2本がゴールドマン監督）、そして1997年2月号では9本と急増し、新作レビューの中に「痴女スペシャル」というコーナーまでできている。ゴールドマンの『私が痴女』のヒットが痴女という言葉を定着させたことがよくわかるだろう。

『私は痴女』は、突然、色っぽい女（というより色情狂）が男に襲いかかってくるというシチュエーションのエピソードを5話ほど収録したオムニバス。

淫語を叫びながら男の身体を触りまくる痴女像は、「乱コーポレーション」のプレイそのものだった。それもそのはず、ゴールドマンが参考にしたのは、彼女たちだったのだ。

「僕はもともとエロ漫画がすごく好きだったんですよ。エロ漫画には、色情狂の女が出てくるんです。男を縛りつけて、イカセ続けるみたいな。つつみ進の漫画なんかによく出てきてましたね。それがずっと頭の中にあったんですが、風俗でそのまんまのプレイをやっているのを見て、びっくりしたんです」

ゴールドマンは１９９４年から『ＴＨＥフーゾク』（クリスタル映像）というシリーズをヒットさせている。これは風俗店でのプレイをそのまま撮影するという作品だ。『ＴＨＥフーゾク』以前にも、風俗物のＡＶは存在していたが、そのいずれもがハウトゥ色が強かったり、バラエティ要素を加えるなど、ひとひねりした構成になっていた。シンプルにプレイを収録するという『ＴＨＥフーゾク』のスタイルはコロンブスの卵的な発明でもあったのだ。ハメ撮りの先駆者でもあるゴールドマンならではの発想だ。

そして『ＴＨＥフーゾク』の第１弾には、ファッションヘルスやソープランドなどの老舗風俗と並んで、五反田の性感マッサージ店「すすきの倶楽部」のプレイが収録され、強烈なインパクトを残している。その後のシリーズ作でも、性感マッサージ店は必ず取り上げられ、そのプレイは作品のメインパートになっていった。

「THEフーゾク」
クリスタル映像　1994年

「性感の女の子たちのプレイがすごく面白くて、じゃあ、これを独立させて作品にしてみようというのが『私は痴女』なわけなんだけど、最初はどうやっていいのか全然わからなくて手探りでしたね。無名の企画女優を使うんですけど、それまでそんな演技をしたことないから、どんな態度でどんな言葉を言えばいいのか全然わからない。だから結局、性感マッサージ店の女の子に出てもらったりしてたんですよ。で、AV女優の子にも、そのプレイを参考にしてもらったりして」

前述の三代目葵マリーも痴女役で出演している。AVの痴女が乱コーポレーションを源流とする風俗の影響下にあることがよくわかるだろう。

「でも、それ以上に苦労したのが男優なんです。男優が責められ慣れてないんですよ。当時の男優はホストあがりとかばかりで、責められて喜ぶっていうのが、理解できないの。こういう風にやって下さいって言っても、なかなかうまくいかない。だから、最初の頃は男女共キャスティングには苦労したんですよ」

当時の男性にとって、男は女を責めるもの、という常識はなかなか捨てられるものではなかったのだ。

しかし、性感マッサージ店がすごい勢いで増加し、『私が痴女』が大ヒットとなったということは、そうした欲求が男性の側にもあったのだということを証明している。

人気女優に痴女を演じさせる

90年代後半、AV業界にはインディーズ（セル）の波が押し寄せた。インディーズメーカーはビデ倫の審査を受けていなかったため、ヘアやアナルの露出をアピールし、企画のユニークさやプレイの過激さでレンタルAVに対抗した。

それは人気女優をレンタル系メーカー（ビデ倫メーカー）に押さえられてしまっていたための苦肉の策ともいえた。人気女優はレンタルメーカーに専属契約されており、インディーズメーカーは無名の企画女優や、盛りを過ぎたかつての人気女優を起用するしかなかったためだ。

それでも、次第にインディーズの勢力が増大してくると、少しずつ出演する女優のレベルも上がっていった。

1998年にハリウッドフィルムというインディーズメーカーが『ルームサービス』

というシリーズを発売した。宇宙企画からデビューした森村りえ（東城みなのクレジットで出演）やSAMMからデビューした沢山涼子、KUKIからデビューした夏樹みゆなど、レンタル系のトップメーカーに出演した単体女優ばかりが出演していたが、中でも第1作にAVクイーンと呼ばれる小室友里が登場したことは業界が騒然となるほどのニュースだった。しかもこの『ルームサービス』は、「薄消し」と呼ばれるほどモザイク修正が薄いものだった。目を凝らさないと修正が入っていることもわからないくらいで、局部もほとんど丸見えなのだ。

超人気女優の、「ほぼ」無修正作品ということで『ルームサービス』は10万本以上の大ヒットを記録したものの、その後、摘発されハリウッドフィルムは解散した。しかし、『ルームサービス　小室友里』の大ヒットは、やはり人気女優は売れるのだという事実をインディーズメーカーにも印象づけた。

1998年末に設立されたワープエンタテインメントは、それまでマニアックなジャンルと思われていた「ぶっかけ」作品に人気女優を起用した『ドリームシャワー』シリーズでブレイクしたメーカーだ。

「ぶっかけ」とは、女性に精液をかけるプレイで、90年代半ばに大人数の男優が大量の精液をかけていくというスタイルが確立する。シャトルジャパン、エムズビデオグループといったインディーズメーカーが中心になり、00年代初頭まで一大ブームを巻き起こした。

こうした「ぶっかけ」作品の多くは無名の企画女優を起用していたが、そこに人気女優を投入して話題を呼んだのがワープエンタテインメントの『ドリームシャワー』シリーズというわけだ。1998年12月に発売された第1弾には、SAMMでデビューしたギャル系の真木いづみが出演。以降も三浦あいか、流星《ながせ》ラム、水野愛、麻宮淳子などの人気女優をキャスティングし、大ヒットを記録する。

そして当時のワープエンタテインメントのもうひとつの人気シリーズが『「痴」女優』だった。

こちらも「ぶっかけ」と同じく、無名の企画女優が出演するのが当たり前だった「痴女」モノに人気女優をキャスティングするというコンセプトが注目されて、大ヒットした。

1999年6月に発売された『「痴」女優』第1弾には前年に宇宙企画でデビューした秋野しおりが出演している。

冒頭のインタビューで、前夜も友達とセックスしていたこと、セックスフレンドが4人いることなどを、あけすけに語る秋野しおり。パッケージによれば経験人数は200人を超えているという。

「私からいく方が多いんですよ。向こうをその気にさせるのが楽しいんですよ」

そして、親戚の少年（そうは見えない男優だが）を誘惑して、童貞を奪うというシチュエーションのパートが始まる。

「気持ちいい顔見せて」

「固くなったおちんちん見たいな」

「お姉さんのおまんこに入れてズボズボして欲しいな」

といった淫語は出てくるが、南智子や三代目葵マリーらが見せたハードコアな痴女プレイに比べると、ずいぶんソフトなノリになっている。痴女というよりも、エッチで優しいお姉さんであり、むしろ、かつての成人映画などでも描かれていた、「誘惑してくる年上の女性」像の延長にあるように見える。

それでも、人気女優が痴女プレイを見せるというインパクトは大きく『「痴」女優』は２０１０年まで続く長寿シリーズとして人気を博した。

痴女を夢見ていた男

ワープエンタテインメントの『「痴」女優』シリーズに対抗するように、当時のインディーズメーカーの雄であったソフト・オン・デマンドも、『「痴」女』というシリーズを制作、溜池ゴローや日比野正明といったレンタルでも活躍していたベテランが監督を務めていた。

その第5弾である『「痴」女　VOL.5　日色《ひいろ》なる』（２０００年）を撮ったのが、後に痴女ＡＶの代表的な監督となる二村ヒトシだった。

二村ヒトシは80年代よりＡＶ男優（当時は西条承太郎名義）として活躍し、１９９５年からは監督としても活動を開始。当初は無名の企画女優を起用したハメ撮り作品ばかりを撮っていたが、この『「痴」女　VOL.5』が初の単体女優作品となった。

二村ヒトシは当時をこう振り返る。

「（ソフト・オン・デマンド社長の）高橋がなりさんに、『二村くんは何が撮りたいの？』と聞かれて、これこれこういうのが撮りたいですって説明したら、『二村くん、それはこの世界では痴女っていうんだよ』って教えてくれたんですよ」

二村は幼少期から「強い女」に強い憧れを持っていた。その原点は、当時読んでいた永井豪の漫画にあったという。

「永井豪先生のマンガに出てくる『女が強い世界』が好きなんです。自分がキューティーハニーを犯すのではなく、僕自身がキューティーハニーになったような気分で楽しんでたんですよね。それで『男性を犯す、強い女の子になりたい』とも、同時に『強い女性に犯されているかわいい男の子になりたい』とも妄想していた」(二村ヒトシ・金田淳子・岡田育『オトコのカラダはキモチいい』KADOKAWA　2015年)

また二村が最初に男優としてからんだ女優が、淫乱四天王の一人でもある沖田ゆかりだった。

「伊勢鱗太朗監督の現場でしたね。素人の僕にすごく優しくしてくれたんですよ。沖田さんって他の淫乱女優の豊丸とか咲田葵みたいに、派手にアヘアヘ反応する人ではないんだけど、本人が発情して男の乳首を舐め、上に乗っかって来てくれて、パフォーマンスではなく自分も気持ちよくなる。彼女は僕の痴女の原型となったんです」

それまで粗製乱造的な作品ばかり作っていた二村ヒトシが監督として頭角を現したのはソフト・オン・デマンドで撮るようになってからである。『「痴」女　VOL.5　日色なる』は、二村のソフト・オン・デマンドでの初監督作品であり、初の単体女優作品であり、初めて「痴女」の文字がタイトルに入った二村作品でもある。

しかし、それは二村にとってもあまり満足のいく出来にはならなかったようだ。『いやらしい2号』（データハウス）というムックの2号（２０００年）の特集「誰も知らないアダルトビデオ」の中に村田らむによる『「痴」女　VOL.5　日色なる』の撮影現場ルポが掲載されている。そこには、撮影終了寸前に日色なるがナーバスになり、進行が中断してしまったことが書かれている。

「二村監督は非常にセリフにこだわりを持っており、脚本も本人が書いている。今回それが十分に発揮され、美人の単体女優が強烈な淫語を口にする展開に、取材しつつ私も興奮を覚えた。でも、女優さんは一生分にお釣りの出るほどの淫語を『オメコ』『チンポ』『アクメ』と2日間、言い続けてきたのである。仕事とはいえ女優も女の子、多少気が滅入るのは仕方ない」

やはり当時の単体女優に、きっちりと痴女をやらせるというのは難しいものがあったのだろう。

「僕も単体撮るの初めてだったし、向こうも痴女やるの初めてで手探りだった。で、それを見た高橋がなりが、『二村には単体より企画女優で好きに撮らせた方がいいな』って言って、それから痴女とレズを毎月1本ずつ撮るようになったんですよ」

ここから、「痴女の二村ヒトシ」の快進撃が始まる。複数の女性が男性に襲いかかる『痴女行為の虜《とりこ》になった私たち』シリーズ（2000年〜2002年）や『痴女と呼ばれた女たち』シリーズ（2001年）など、痴女作品を次々とヒットさせていったのだ。

この頃のソフト・オン・デマンドは、様々な角度から「痴女」というテーマにアプローチしていた。『「痴」女』シリーズ以前にも、TOHJIROが『私は変態女』（1999年）、溜池ゴローが『チンポなぶりの虜になった私』（2000年）といった作品を撮っているし、『憎いほど男殺し』を監督したアロマ企画の鶯本ひろしも参加し、『僕が女性に犯されたい理由』（1998年）などの痴女作品を残している。

また若き女性監督である菅原ちえも『手コキコキコキ』シリーズや『淫語しようよ！』シリーズで、女性の中に潜む痴女性を引き出していくという新しい痴女表現を切り開いていった。

二村ヒトシの描いた痴女

２００２年、二村ヒトシが所属していたＴＯＨＪＩＲＯ監督のディレクターズメーカー「ドグマ」がソフト・オン・デマンドグループから独立する。Ｓ的なアプローチを得意とするＴＯＨＪＩＲＯ監督と対照的に、二村ヒトシは痴女作品を連発し、Ｍ的な面を受け持つことになる。

新生ドグマでの二村の最初のヒットとなるのが、『美しい痴女の接吻とセックス　朝河蘭』（２００２年）である。主演の朝河蘭は、エキゾチックな美貌の女優で２００２年に２１２作、そして翌２００３年には３０４タイトルもの作品に出演するなど、00年代初頭の企画単体女優ブームを盛り上げた一人だ。特にねっとりとした痴女プレイに定評があり、二村監督との組み合わせは、まさにベストマッチングだった。

そして『美しい痴女の接吻とセックス』の第2弾（２００２年）に出演したのが渡瀬晶だ。１７０センチという高身長と美脚で人気の単体女優である。顔立ちはあどけない

渡瀬 晶
身長170センチ。元ファッションモデル。
この超美人が痴女でキス魔。
美しい痴女の接吻とセックス2
二村ヒトシ
「美しい痴女の接吻とセックス　渡瀬晶」
ドグマ　2002年

のだが、コケティッシュな魅力があった。

「実は朝河蘭を撮ったときは、まだ彼女はブレイクしてなくてそんなにギャラが高くなかった（笑）。ドグマも独立したばかりでお金がなかったからね。だから朝河蘭は、企画女優のつもりで撮ってたな。でもそれがすごく売れたので、2作目で単体の渡瀬晶が撮れたんですよ」

冒頭でいきなり「私、セックスはキスに始まり、キスに終わると思うんです。男性がいやらしいキスをしてくれるとビショビショに濡れちゃいます。ディープキス大好き」と語るように、この作品での渡瀬晶は、ひたすらキスをしている。全編の三分の一くらいの時間はキスをしているのではないだろうか。タイトルに偽りなしだ。

その一方で、ここでの渡瀬晶は、あまり「痴女」っぽくはないかもしれない。自ら唇をあわせてねっとりとしたキスをしながらペニスを手でしごき、楽しそうに乳首を舐める。

「私のまんこにチンポ、ぶちこんで」

「このチンポ最高」

そんな言葉も口にするが、少なくとも南智子や三代目葵マリーたちのプレイのように言葉で追い込んでいく過剰な攻撃性はない。

「僕はあまり風俗的な痴女プレイには興味がなかったんです。僕が理想とする痴女は、素人のカップルで、恥ずかしがりながらもメチャメチャ興奮しちゃって、男に自分からやっていく女の子っていう感じなんですよ」

二村ヒトシの描く痴女は、実はいわゆる痴女とは少し違う。

中年のオヤジが、いたいけな少女をヒイヒイ言わせることに精神的な快感を得るように、痴女は男性が我を忘れるほど感じさせることで、自分も興奮する。男性と女性の立場を入れ替えたような存在だ。痴女にとっては自分が主導権を握って男を責めることが重要なのだ。

しかし、二村ヒトシの描く痴女は「発情する女」である。相手が好きなあまりに押し倒したくなる。あるいは自分の中の性欲が抑えきれなくなる。そんな状態の女を描くことに、二村はこだわっている。

接吻するカップルだけの満員電車

少し時代は飛ぶが、2007年にリリースされた『もしも朝の通勤電車ががっついたベロキスをするカップルで満員だったら。』は、その頂点ともいえる作品だ。

舞台は朝の通勤時間の電車内。一組のカップルがいちゃついた挙句にキスを始める。するとそれを見ていた他のカップルがつられてキスをする。キスはどんどん伝染していき、見ず知らずの男女までもがキスを始めて、電車内のすべての乗客（15組）がキスをしているという状況になってしまうという内容だ。

最後に一組のカップルがセックスをするが、それ以外の男女は一切服を脱ぐこともなく、ひたすらキスを続けているだけだ。

注目すべきは、すべて女性からキスをせがんでいる点だ。他のカップルが熱烈なキスを交わしているのを見て、欲情を抑えきれなくなった女性が、自分のパートナーに「私たら

「もしも朝の通勤電車ががっついたベロキスをするカップルで満員だったら。」ドグマ　2007年

もしようよ」とせがみ、パートナーのいない女性は自分の目の前にいた男性に「私とキスしてくれませんか?」と頼み込む。

ユニークなのは、それぞれの女性に「綾瀬梨奈(19)家事手伝い。男性経験60人くらい。今日はクラブで遊んだ朝帰り。まだ酔っ払っている」「安藤奈津子(23)ファミレスのウエイトレス。キスの相手は2年つきあってる恋人で、同じ店のコック」「花山あおい(34)大手出版社の女性誌副編集長。男性経験5人。既婚だが最近はセックスレス。一人息子は6歳」とプロフィールのテロップが出ることだ。キャラクターが設定されることで、どうしてこの女性はこんなキスをするのか、といった背景まで想像しやすくなる。

痴女物を撮る場合でも、ドラマ性を持たせたり、まずインタビューから始めるなど、その女性のキャラクターをはっきりとわからせるのが二村の手法だ。どうしてその女性が発情しているのかを、まず描く。それは二村が演劇畑出身ということも大きいのかもしれない。

実は筆者はこの作品の撮影現場に立ち会っている。ＡＶの撮影はずいぶん見てきたが、このときほど濃密なフェロモンが渦巻いている現場は初めてだった。そして、それ以降にも思い当たらない。

二村によれば、面接して本当にセックスが好きそうな女優だけを選んだのだという。そのセックス好きな女優に、あえてセックスをさせずに、キスだけを続けさせたのだ。一般的にキスはセックスのイントロダクションとされている。いわば前戯の前戯だ。ここで寸止めである。それが延々と続く。

男も女も寸止め。それ以上できないもどかしさが15組分、狭い車内に充満し、興奮がエスカレートしていった。

感極まって泣きだしてしまった女が3人いた。キスだけで射精してしまった男もいた。唯一カラミを見せるプロの男優は（ほとんどの男優は応募で集められたキス好きの素人だった）、そのあまりに濃密な空気に当てられて倒れてしまった。

この作品で描かれたのは、キスという行為そのものが持つわいせつさではなく、キスによって燃え上がっていく女の発情だった。

そこには、淫語もフェラチオも手コキもセックスもなかったが、痴女物を通して二村が描こうとしていたものが、はっきりと現れていた。

残念ながら、『もしも朝の通勤電車が……』は一部で高評価を得たものの、セールス的にはあまり成功せず、この路線は打ち止めとなってしまったが、その後二村は2008年に『ザ・オナニズム』（ＩＮＡＺＵＭＡ）というシリーズで、セックスを介さずに女の発情を描くことに再び挑戦している。これは、撮影している二村に見せつけるように女優にオナニーさせるというコンセプトの作品だ。

「自分の世界に入り込まずに、常におれを意識してオナニーして下さいって。そうすると女が泣くんだよね。二人っきりになって愛撫するようにカメラで見ていくと仕事のできる女ほど泣く。あたし何十本もAV出て、見られるのは慣れているのに、こういう見られ方するのは初めてだって、興奮して感極まって」(『ビデオ・ザ・ワールド』2009年1月号)

前に引用した「『男性を犯す、強い女の子になりたい』とも、同時に『強い女性に犯されている可愛い男の子になりたい』とも妄想していた」という発言に見られるように、二村の作品の中では、痴女も、痴女に犯される男も、どちらも二村自身が投影されている。自分で自分を犯す、いわばオナニーのようなものだ。

二村は、女優の中に潜む痴女性をそのまま引き出すというよりも、自分の理想とする世界に引き込んでしまう手法が得意な監督なのである。

過熱する痴女ブーム

話を00年代前半に戻そう。二村ヒトシの「痴女」作品がヒットしたことをきっかけとして、第二次痴女ブームが巻き起こる。K*WESTやKINGDOMといった若手の監督たちも痴女作品をヒットさせていった。

そして、この時期に痴女役を得意とする女優が次々と登場する。２００２年には三上翔子とＡＲＩＳＡ、２００３年には姫咲しゅり、桜田さくら、そして２００４年には紅音ほたる、滝沢優奈、立花里子、乃亜《のあ》、寧々《ねね》がデビューしている。

しかし、彼女たちは、最初から痴女女優として人気が出たわけではない。例えばＡＲＩＳＡはＶＩＰの専属単体女優としてデビューしていたし、紅音ほたるは初期は秋月杏奈の名前でロリ系女優（ごく初期はギャル系）として活動していた。彼女たちはみんな様々な作品に出演していくうちに、痴女としての演技が評価され、次第にそうした作品への出演が多くなっていっ

「潮吹き痴女　10連続中出し　紅音ほたる」
ワンズファクトリー　2007年

たのだ。

またセルメーカーでは、森下くるみや南波杏のようにトップクラスの人気専属女優であっても、ハードな企画物的な作品に出演することが珍しくなくなった。そうなると痴女プレイに挑戦する機会も増え、それが当たり役になる女優も出てくる。穂花《ほのか》や如月《きさらぎ》カレンなどは、清楚な正統派美少女としてデビューしているが、痴女役にも定評があり、そうした作品が増えていったのだ。しかし、だからといって彼女たちのイメージがダウンしたわけではない。

紅音ほたるは、痴女モードにシフトしてからブレイクし、２００６年度には『オレンジ通信』のＡＶアイドル賞を受賞するなど、この時期を代表するＡＶ女優にまでなっている。痴女が、美少女に比べて低く見られ、キワモノ扱いされる時代は終わったのだ。

一人称で撮られる痴女

痴女モノにはいくつかの定番フォーマットがあるが、その代表的な手法として一人称撮影（主観撮影）がある。

画面が、責められる男＝男優の視界になるように、目の位置にカメラをおいて撮影するという手法だ。

一人称撮影自体は、1986年にスタートしたアテナ映像の人気シリーズ『あなたとしたい』でも全面的に使われているように決して新しい手法ではない。

しかし、一人称撮影は、痴女モノと非常に相性がよかった。男優がリードする一般のAVのセックスでは、視界が安定せず、女優の姿を画面に収めづらいという欠点があったが、基本的に男が受け身で動かないでいい痴女モノなら、その心配はない。

そして視聴者が、女優から責められるプレイを受けているような臨場感を味わえる。特にフェラチオシーンなどは、画面に出てくる男優のペニスが自分のペニスのように見え、さながら自分が女優に愛撫されているような気分になれるのだ。

一人称撮影を得意とするメーカーがアウダースジャパンだ。中でも2001年から現在まで続く人気シリーズ『雌女』(2003年までは『雌女　挑発フェロモン』、以降は『雌女　ANTHOLOGY　女の口は嘘をつく。』)は、一人称撮影と淫語をメインとした作品で、歴代の人気痴女

「雌女anthology #017
『女の口は嘘をつく。』乃亜」
アウダース　2005年

女優はほとんど出演している。

２００５年に発売された『雌女 ANTHOLOGY　#017　乃亜』を見てみよう。

先輩を誘惑するテニス部員を演じる「スクールデイズ」や、彼氏にラブラブムードで迫る「オレカノ」、優しくリードする家庭教師役の「プライベートレッスンＳＰ」などのエピソードも、乃亜の可愛らしいエロさが感じられるのだが、やはり彼女の魅力はもう少しハードな痴女プレイで発揮される。

「敏腕女刑事」では、容疑者に自白を迫る眼鏡にスーツ姿の取調官役。顔を近づけ、身体を触ってくる。

「どうやったら話してくれるかな」

容疑者の腿にまたがり、乳首を舐める。

「こんなことしたら、どうかな。話したくなってきたでしょ。自白してくれたら、もっと気持ちいいことしてあげる」

容疑者のパンツを下ろして、オナニーをさせ、「可愛いのね」と言いながらフェラチオを始める。

「イキたいでしょ、でも、まだダメ。まだイカせない」

妖艶な笑みを浮かべながら激しく手で、容疑者のペニスをしごいていく。

たまらずに射精する容疑者。ザーメンで汚れたペニスを舌で舐めとる乃亜。

「こんなにザーメンいっぱい出して、チンポは正直ものだったみたいね」とこのエピソードは終わる。

「或る義姉の記録」は「序章」と「本章」の2部構成。3日も部屋から出てこない義弟を心配して部屋へ入る乃亜。しかし、弟に押し倒され、肉体をオモチャなどで責められてしまい悲鳴をあげる。痴女モノ作品なのに、乃亜が凌辱されるとは……と思って見ていると「序章」が終わり、「本章」に入ると乃亜の逆襲が始まる。

犯されそうになっていた乃亜が突然豹変する。

「姉さん、上になった方が興奮するみたい。やっとスイッチが入ったわ」

弟の腿を平手打ちしながら、手コキする。

「チンポビンビンよ。いじめられる方が好きなんじゃない？」

さらに、弟をひっくり返して、股間が天井を向く姿勢、通称・ちんぐり返しの体勢にしてしまう。

「丸見えよ。お尻の穴見られて恥ずかしくないの？」

そして弟の肛門に舌を這わす乃亜。ねっとりとしたアナル舐めだ。

「アナル舐められて興奮しちゃったのかしら。チンポがひくひくしてる」

そして、騎乗位で自ら挿入し、腰を振る。

「チンポ硬くて気持ちいい。どう、姉さんの中」

スレンダーなボディの乃亜は騎乗位がよく似合う。腹筋のついた腹部が美しく、長い脚をガニ股に開いて腰を上下させる様は卑猥極まりない。


一人称撮影の痴女作品の場合、男優は一切しゃべらないのが普通だ。せいぜい荒い息を漏らしたり、快感の声をあげる程度。つまり、女優は、カメラに向かって一人で演技をしなければならないのだ。

男優とのやりとりで進めていくよりも、一人ですべてリードしていく方が、当然難易度が高い。「或る義姉の記録」のように、途中で攻守がひっくり返り、キャラクターも変わってしまうような複雑な役もこなしてしまう乃亜の演技力には感心させられる。

最も重要な能力は、淫語力

そう、痴女をこなすには、かなりのスキルが必要とされるのだ。男を責めるためのテクニックひとつとっても、フェラや乳首舐め、アナル舐めといった口技、手コキのための指技、騎乗位の際の腰の振り方。もちろん痴女ならではの妖艶な表情の演技力も必須条件である。

そして何よりも大きいのは、淫語の才能だ。

卑猥な言葉を意味する淫語は、痴女プレイには欠かせないものだ。ＡＶにおける痴女の原型となった「乱コーポレーション」の風俗嬢たちのプレイでも、言葉責めでの淫語は重要なポイントだった。

ＡＶで淫語をジャンルとして確立させたのは１９９６年にエムズビデオグループが発売した『一期一会　淫語』だといわれている。『一期一会』は松本和彦監督がセルビデオ黎明期に制作した全12本のシリーズで、それぞれが「オナニー」「レイプ」「ザーメン」「屋外露出」などのテーマのプレイでまとめられていた。その第3巻にあたるのが「淫語」だった。

その後、１９９8年にソフト・オン・デマンドが菅原ちえ監督の『淫語しようよ！』をヒットさせ、淫語はＡＶ業界に浸透する。ただし、ビデ倫の審査基準では「おまんこ」などの言葉はＮＧでありレンタル系メーカーの作品ではピー音で消されていた。そのため、淫語モノはビデ倫の審査を受けないセル系メーカーの方が強かった。

痴女プレイの撮影では、淫語は監督から「こういう風に言って下さい」などと指示があることが多いが、それを淀みなく口にするのは相当難しい。さらに単に暗記していればいいわけではなく、状況によって的確な淫語を話すには、頭の回転が速いことが要求される。そして淫語の中身は女優におまかせの場合も珍しくなく、ボキャブラリーが豊富でなければ、痴女はこなせない。

痴女を演じるには才能が必要なのだ。痴女役に挑戦したものの、うまくできずに現場で泣いてしまったという女優の話もよく聞く。筆者がインタビューしたある女優は「痴女をやるくらいなら、ハードレイプやSMの方がずっと楽」と言っていた。もともと持っているS気M気にも左右されることもあり、向き不向きがはっきりしたプレイなのだ。00年代半ばに、そうした素質のある女優が多数登場したというのも、痴女モノが盛り上がった理由のひとつだろう。

痴女とSFとSMの共通点

しかし、2007年頃になると、痴女というジャンルは一気に衰退してしまう。

セルビデオ専門誌『ビデオメイトDX』（コアマガジン）の2007年4月号に「二村

ヒトシはこのまま死ぬのか」という特集記事が掲載されている。この特集の中の座談会でAVライターの大坪ケムタは「パッケージに『痴女』という文字が入っているとダメみたいだね」と、痴女作品が売れなくなったと発言している。さらに二村ヒトシ本人も編集長との対談の中で「今、僕のものだけじゃなくて痴女もの全般が売れていない。それは数字が出てるんですけど」と痴女ブームの終焉を認めている。

タイトルに「痴女」とつけると売れないという状況は今も続いている。しかし、決してAVユーザーは「痴女」的なものを嫌っているわけではない。むしろ以前より、支持層は厚くなっているように思える。

その理由は、先の二村の発言の続きに読み取ることができる。

「で、ザーメンもダメだし、ハメ撮りもダメ。なぜかというと、現在のS1的AV、オーロラ的なハメ撮り。男優はしゃべらない、必ず単体女優がベロキスをして、騎乗位がある。そして顔射・ごっくんがあって、可能な女優であれば中出しもやる。要は大手セルビデオの王道の中に吸収されちゃったんですよね。細分化されたジャンルが」

少し脱線するが、「SFの浸透と拡散」と呼ばれる議論があった。70年代半ばに日本のSFファンの間でささやかれた変化で、1975年に開催された日本SF大会では大会名誉委員長であった筒井康隆らが「SFの浸透と拡散」をテーマにパネルディスカッションを行ったという。

それまでマニアのものであったSFが、一般的に受け入れられるようになったことから、「特別なもの」ではなくなっていったのだ。その後の映画『スターウォーズ』やアニメ『宇宙戦艦ヤマト』『銀河鉄道999』のヒットなどから日本には空前のSFブームが到来するのだが、ある時期を境にパッタリと「SF」という言葉は聞かれなくなってしまった。

しかし、SF的なものが嫌われたわけではない。むしろ映画やアニメでは、宇宙をテーマにしたもの、巨大ロボットが活躍するもの、さらにハードSF的なテーマを持った作品も数多く作られ続け、ヒットしている。

それでも、その宣伝コピーに「SF」の文字を見ることはない。明らかにSFジャンルの作品でも、SFだとうたうと売れなくなってしまうというのだ。したがって、SF作品は作られ続けているにもかかわらず、SFという言葉自体は消えつつあるのだ。

同じような現象が、SMでも起きている。AVの黎明期の80年代前半には、タイトルに「SM」とついた作品が溢れていた。

バンビデオの『美少女SM・エマニエル女高生』（1983年）、アートビデオの『SM乱行スワップ　背徳の誘惑』（1983年）、『SM肉宴の女』（1985年）、スタジオ418の『SM生撮り　緊縛純情編』（1984年）といったSM専門メーカーはもちろん、宇宙企画が『セーラー服SM白書』（1982年）、VIPが『刺青SM　荒縄（1982年）、後にアリスジャパンを擁するジャパンホームビデオが『SMドキュメント罠』（1985年）、後に芳友舎（現h.m.p）となるSAMMが『森ミキの私はSMギャル』（1984年）といった作品をリリースしていたように、美少女作品で知られるようになる多くのメーカーも初期にはタイトルに「SM」を含んだ作品を撮っていたのだ。黎明期のAV業界において、「SM」は売れるキーワードだったのである。

これはAVに限ったことではない。団鬼六の『花と蛇』のヒットから始まったSMブームは70年代にはピークに達し、1971年の『SMセレクト』（東京三世社）の創刊を皮切りに、『SMファン』（司書房）、『S&Mフロンティア』（司書房）、『SMマニア』（三和出版）、『SMクラブ』（日本出版社）、『S&Mコレクター』（サン出版）、『SMキング』（鬼プロ）、『S&Mスナイパー』（ミリオン出版）といったSMをタイトルにかかげたSM専門誌が数多く発行された。

このSMブームは80年代まで続くが、作者本人の監督により映画化もされた村上龍の小説『トパーズ』のヒットをきっかけに広がった90年代の第二次ＳＭブームの際は、あえて「ＳＭ」という言葉を避けて、フェティッシュ、ボンデージなどの表現を使うことが多かった。このブームのときは、西洋のＳＭを念頭においたファッショナブルなイメージを強く押し出したものが多く、日本的な陰湿な従来のＳＭとの差別化を考えたためだろう。

この時期にはＡＶでも、ＳＭは一部の専門メーカーが撮るマニアックなジャンルという捉え方をされるようになっていた。一方でボンデージファッションや女王様プレイなどはストレートなＡＶにも取り入れられていく。

00年代に入り、セル系メーカーの勢力が増すにつれ、ＡＶでのプレイは過激化していった。セルビデオが、もともとＳＭやフェチなどのマニア向けの通販ビデオに源流があることから見ても、それは自然な成り行きでもあった。

野外露出やハードレイプ、大人数の男性が一人の女性にザーメンを放出するぶっかけなどは、明らかにＳＭ色が強いし、拘束した女性を電気マッサージ機などで何度も強引に絶頂に追いやる「鬼イカセ物」などはＳＭプレイそのものだといってもいいだろう。00年代後半には、浣腸やアナル調教といったマニアックなプレイまで流行した。

しかし、こうした作品のタイトルに「ＳＭ」とつけられることは、ほとんどなかった。

現在のＡＶのタイトルでは、わかりやすさとインパクトが最も重視される。

80年代の美少女単体モノでは『燃えつきるまで』『陶酔』『アイライン』といった抽象的なタイトルが主流だったが、現在は『あなたのおち○ぽミルクを初ごっくん』『イヤます。初体験4本番』『人生初・トランス状態　激イキ絶頂セックス』などと、露骨すぎるほどにプレイをダイレクトに説明したタイトルばかりになっている。「ごっくん」「生」「激イキ」といった人気のある単語をできるだけタイトルに取り入れようという制作側の苦労も感じられる。

しかし、この中に「ＳＭ」の2文字はないのだ。内容は明らかにＳＭ的な要素が強くてもタイトルにＳＭを入れることはない。ＳＭという言葉がセールス的にマイナスイメージだからだ。

70年代にＳＦ作家の豊田有恒が書いたエッセイにこんなくだりがある。

「ぼくの行きつけの下北沢の本屋さんでも、つい最近まで、ＳＦ雑誌は、『ＳＭマガジン』の隣においてありました。そのＳＦ雑誌を買いに行くと、かねてから美人だと思って、目をつけていた顔見知りの女の子が、『ＳＦ雑誌はまだですが、ＳＭ雑誌は、もう出ていますよ』と言うのです」（『あなたもＳＦ作家になれるわけではない』徳間書店　１９７９年）

ＳＦもＳＭも共にマイナーであり、語感が似ていることから混同されていたことを伝えるエピソードだ。

しかし、その後の「浸透と拡散」の状況まで似てしまうとは、なんとも皮肉なことだ。どちらも、そのジャンルの持つマニア性が、一般から敬遠されることになったのだろう。

そして、痴女もまた同じく「浸透と拡散」の道をたどったのである。

痴女の浸透と拡散

ここで、２０１４年に発売された『ゆらちゃんの感度ビンビン初体験　さくらゆら』（kawaii*）という作品を見てみよう。

さくらゆらは、２０１３年に着エロアイドルとしてデビューし、イメージビデオや楽曲のリリースを経て、２０１４年に『新人！　kawaii*専属デビュ→奇跡の逸材☆次世代アイドル誕生』（kawaii*）でＡＶデビュー。本作は彼女の２作目のＡＶとなる。

黒髪の目の大きな愛くるしい顔立ちの女の子で、いわゆる正統派美少女だ。そもそもkawaii*自体が、彼女のような清楚タイプの美少女専門のＡＶメーカーである。

６つのコーナーが収録されているが、そのうちの２番目のコーナーは「初めてのご奉仕手コキ」だ。カメラは男優の目の位置に構えられている一人称撮影だ。画面には、男優の下半身と、着衣のさくらゆらが映っている。

さくらゆらは、カメラ（つまり画面のこちら側を）じっと見つめながら「気持ちよくなってもらえるようにがんばるね」と話しかける。

そして、男優のペニスを手でしごきながら、乳首を舐めるのだ。

「どんどん大きくなってる。敏感なんだね」

「乳首好きなんだね。いっぱい舐めてあげる」

言葉使いこそ、ソフトだが、やっていることは痴女そのものだ。唾を亀頭にたらしてローション代わりにするなどということまでやっている。

さくらゆらは、ペニスをしごいて射精させると、「すごい、いっぱい出たね。気持ちよくなってくれて、嬉しい」と微笑む。

美少女路線の作品の中にも、こうしたシーンが、ごく普通に収録されている。

これが「二村ヒトシはこのまま死ぬのか」の特集の中で二村が言っていた「要は大手セルビデオの王道の中に吸収されちゃったんですよね」ということである。

さくらゆらは、この後に6作目にあたる『さくらゆらの全力オナニーサポーター』でさらに濃厚な淫語プレイに、そして翌年の『さくらゆらが男を骨抜きにするSEX』で本格的な痴女モノに挑戦している。

現在はどんなトップクラスのAVアイドルでも、痴女プレイを避けることはできなくなっている。

紗倉まなや由愛《ゆめ》可奈などの超人気女優でも、前者は4作目で『アナタのおち○ぽミルクを初ごっきゅん』（SODクリエイト）、後者は12作目で『由愛可奈がアナタのオナニーを猛烈にサポートしてくれるビデオ』（マキシング）といった痴女モノに出演している。

つまり、痴女プレイは、AVにおいてもはや特殊なものではなくなっているのだ。2007年あたりを期に「浸透と拡散」が進んだのである。

痴女の新たな形、「乱丸」

そうした状況の中で「痴女」の新たな表現を作り出そうという動きもあった。それが「乱丸」というメーカーだ。

「乱丸」の第1作は、2008年にリリースされた『きもち良すぎて白目をむくの。』。

「きもち良すぎて白目をむくの。玲丸」
乱丸　2008年

主演女優は「玲丸」とクレジットされているが、これは北島玲の変名である（作品中にはREI KITAJIMAとテロップが出ている）。「乱丸」に出演するときのみ、玲丸を名乗るのだ。

この『きもち良すぎて白目をむくの。』は、衝撃的な作品だった。

冒頭のインタビューでは、大人っぽい美女といった風情の玲丸。「ずいぶんスケベだと聞いてますが」と尋ねられると「人よりはスケベだとは思います」と軽やかに答える。しかし、オナニーを始めるとキャラクターが一変する。自分で乳首を思い切り引っ張って、ジタバタ悶え、「ウググググ」と低い声で唸《うな》る。挙句の果てには、「イグゥ」と絶叫してアクメを迎え、白目を剝いて泡を吹く。とても尋常な様子ではない。

セックスシーンになると、その異常さはさらにエスカレートする。男優の股間に顔をうずめてクンクンとにおいを嗅いで興奮する。うっとりした表情でペニスを舐めまわす。

男優に責められると、その反応がものすごい。「ギモジイイ」「ングング」「オオオオ」など獣じみた奇声をあげて、のたうち回る。これは明らかに頭のおかしい女性だ。

「欲しい、欲しいの、おちんちんが欲しいの」と自分でまんぐり返しの姿勢をとり、指で性器を押し広げる。

挿入されると、その奇行は頂点に達する。

「イグイグイグ」と絶叫するのは、まだわかるのだが、

「らららららら」

「はいはいはいはいはい」

「おっとっとっとっとっと」

「おうんぐ、おんぐ」

というのは、セックスの快感を表すのにふさわしい叫びとは到底思えない。こんな奇声をあげながら白目を剝いて悶えるのだ。よく萎《な》えずに耐えられるなと男優に感心してしまう。

ラストの激しい3Pで、二人の男優のザーメンを顔に浴びたあとも、快感の余韻が収まらないようで、白目を剝きながら何分も痙攣している。

玲丸のセックスは、決して攻撃的ではなく、いちいち「脱がしていいですか？」「舐めていいですか？」と聞くなど、女王様というよりもM女の奉仕に近い。本人も作中のインタビューで自分は「ドM。男の人に征服されるときにMかなって感じる」と答えている。快楽をむさぼることに貪欲というタイプなのだ。

玲丸は、その派手すぎる反応も含めて、90年代の痴女というよりも、黒木香や豊丸などの80年代の「淫乱」の系譜を受け継ぐ存在なのかもしれない。

もちろん、これは北島玲の強烈な演技力のたまものというわけだが、もはや「浸透と拡散」の時期を迎えた状況の中で「痴女」を打ち出すには、ここまで過剰にデフォルメしなければならないということでもある。それは、もうエロを超えて「笑い」の域に達していた。

「乱丸」は、この玲丸のスタイルをフォーマット化し、乃亜や峰なゆか、小澤マリアといった人気女優にも、この凄まじい淫乱女像を演じさせていった。

『キマリすぎてごめんね　ましろ杏』や『アナルが良すぎて白目をむくの。みく18歳』では、その演技が「笑い」を超えて「恐怖」にまで至っていた。あまりに強烈すぎる淫乱演技で、まるでホラー映画を見ているような気持ちになってしまうのだ。

キワモノとしかいえないほど突出したスタイルのメーカー、乱丸だが、すぐに飽きられるのではとの予想を裏切り、現在も続いている（2015年に若干のリニューアルがあり、ドラマ中心のラインナップになったが「淫乱」のコンセプトは継続している）。また、乱丸以外でも『露出狂出没注意』（レイディックス）シリーズのように、頭がおかしいのではというレベルの淫乱痴女モノはリリースされているので、ある程度の固定ファンが存在するジャンルだとはいえそうだ。

もう少し、大衆受けする「痴女」を専門に扱っているメーカーとしては「美」がある。

乱丸と同じく2008年にスタートしたメーカーで、当初は「綺麗なお姉さん」的なルックスの女優メインだったのが、次第に痴女的なカラーが強くなり、現在のキャッチフレーズは「ビッチの巣窟　痴女専門メーカー」となっている（2015年12月に「痴女ヘブン」とメーカー名も変わった）。

また1994年に『憎いほど男殺し』をリリースしたアロマ企画も前述したように、現在はフェチ色は控えめとなり、痴女モノが中心のメーカーとなっている。

しかし、これらのメーカーからリリースされている痴女モノは、かなりソフトなタッチのプレイがメインだ。自分が興奮するために、男を責めて感じさせるという初期の痴女に比べると、男性に満足してもらうために奉仕しているようなニュアンスが強い。AVのユーザーが男性がメインであるという構造上、そうなっていくのは当然ではある。

風俗嬢たちが作り上げた「痴女」は、浸透と拡散を経て、「男が考えた男のための痴女」へと変質していったのだ。

山本わかめが描く痴女

ところが近年、また痴女を女性のものへと取り戻そうとする新たな動きが見え始めた。

その鍵を握るのが、２０１４年に『素人男子をトイレで逆レイプ…したら逆に感謝されちゃいました！』（ＳＯＤクリエイト）で監督デビューした山本わかめである。

『素人男子をトイレで逆レイプ…したら逆に感謝されちゃいました！』は、ＳＯＤクリエイトに入社して2年目だという若い女性、山本わかめが画面に登場し、視聴者に語りかけるシーンから始まる。彼女がいる場所はＳＯＤ本社のトイレである。

「男の子って本当に可愛いですよね。だってどんなに屈辱感や羞恥心を感じていてもチンコを触られると勃起しちゃうじゃないですか。（中略）ずっと前から逆痴漢や逆レイプをやってみたいと思ってました。でも実際にやってしまうと警察に捕まってしまうので、今回の企画を思いつきました」

「大事なのは男の反応です。私は男の反応を見て聞いて快楽を感じるので、女が物理的に気持ちよくなるだけでは、満足できません」

本作の内容はこうだ。山本わかめが出会い系サイトなどで知り合った素人男性に「ＡＶに出ませんか」と誘い、ＳＯＤ本社に面接に来てもらう。そこで彼らがトイレに来たところを、責め好きだという大槻《おおつき》ひびき、橘《たちばな》ひなたの二人の女優が襲いかかって、逆レイプする。

作中にテロップで山本の心の声が映し出されるのだが、面接中の素人男性に対し「初体験の話、どうでもいいよ……。興味ないよ」「そんな顔でよく言えたもんだ」「出たよ、自称S」「お前なんかローション手コキで十分だわ。鏡見て出直せブス」「何か態度悪くない？　監督面接なのに」「口の中で舌伸ばす動作が、見てて腹立つ」などと、かなり辛辣《しんらつ》な悪態をつく。

そして男子トイレにやってきた男性に、隠れていた女優は襲いかかり、その様子をカメラを構えた山本が撮影する。

女優はいきなり男性を裸にすると、身体を触りまくり、騎乗位で犯したり、顔面騎乗したり、尿を飲ませたり（！）する。

その男性を完全にバカにした姿勢は、M性の強いユーザーならともかく、普通の痴女モノを期待している男性には、見ていて不快感が先立ってしまうだろう。また、二人の女優よりも、責められる男性の方が画面では目立っているのも気になった。

それは、山本の先輩にあたる同じくソフト・オン・デマンドで痴女的な作品を撮っていた菅原ちえ監督作品には感じられなかったものだ。

男を責めるのが当たり前の世代

この作品はどういう経緯で撮られたのだろうか。山本わかめ監督自身に聞いてみた。

「まずはターゲットのことは忘れて、自分の好きなように撮ってみようと思ったんです。だから、あの作品は自分のために撮ったんです。その結果、男性には『わからない』って言われてしまいましたが（笑）」

山本わかめは、性に関する仕事をしてみたいということでソフト・オン・デマンドの制作部であるＳＯＤクリエイトに新卒で入社。自分が撮りたいものは、最初からはっきりしていたので、企画はかなり出していたのだが、それは全く通らなかった。

「男性の反応が見たいというのがあったんです。でも、プロの男優さんが責められるのは面白くないと思っていたので、そこそこ顔のいい素人の男の子と、責め好きの女優さんをからませたかった。そんな企画ばかり出していましたが、全部却下ですよ」

責め好きの女優が男優を責める作品といえば、痴女モノである。しかし会議では「痴女」という言葉が出るだけで、企画を見てももらえなかった。それほど「痴女」は売れないモノだという認識が制作者側にあった。

「だから、痴女モノであっても、できるだけ痴女という言葉を使わないで、他の言い回しにすると通ったりするんです。痴女と言ってしまうと、ライトユーザーにはマニアックな印象が強すぎて、引いてしまうんでしょうね」

しかし、山本が撮りたいもの、自分が見たいものは、あくまでも男性が女性に責められる作品だった。その嗜好は、性に目覚めた頃からあったという。

「子供の頃からエロ漫画を見たり、ネットでAVを見たりはしてたんですが、女性上位で男性を責めるシチュエーションが好きだったんです。そうなると、男がイケメンで、気持ちよくなっている表情なんかをちゃんと描いているのは漫画の方なので、もっぱらAVよりも二次元の方が実用的でしたね」

山本わかめは1990年生まれの現在25歳。「男性を責めたい、男性の反応を見たい」という欲求は、彼女の世代では特異なものではなかったという。

「高校で女友達と話すと、もっとセックスがしたいとか、どういうことをしたいなんし話題ばかりで、女に性欲があるっていうのは当たり前の認識だったんです。フェラが好きって子も多かったから、女が男を責めたいっていうのも、別に珍しくなかった」

男を責めてみたいという自分の性欲が異常ではないかと悩んだ南智子との世代の差を感じてしまう。

山本が『素人男子をトイレで逆レイプ…したら逆に感謝されちゃいました！』を撮ることができたのは、あるチャンスがめぐってきたからだ。

「社主の高橋がなりが、『新卒1年目から10年目までの社員に企画を持ってこい。おれが認めたものは撮ってもいい』って言ったんです。若手にとっては大きなチャンスです。それでこの企画を出したんですが、高橋さんが自分にわからないものはとりあえず撮ってみろというスタンスだったんですね。男を犯したいという女の性欲は理解できないから、1回撮ってみろということになって、無事に制作にこぎつけられたんです。普通だったら、とても無理だったので幸運でした」

こうして撮影されたデビュー1作目は、大きく評価がわかれるものとなったが、その後も月1本ペースで監督作品を制作。そして、2015年9月には、AVメーカー86社が日本一を競い合うイベント「AVオープン2015」の企画部門代表作として『SOD女性監督・山本わかめ式「射精コントロール」勃起した男子は〝射精の快楽〟を味わうためなら、女子の言いなりになってしまうのか？』がエントリーされた。つまり、SODクリエイトの代表監督として、山本わかめが選ばれたのである。SODクリエイトの彼女にかける期待がわかるだろう。

さすがに「AVオープン」参加作品に関しては「先輩に見てもらって、自分のやりたいことはメチャメチャ薄めたので、男性にも見てもらえる作品になっていると思います」と言っていた山本だが、基本的には自分が見たい作品を撮るという姿勢は崩していない。

現在のAV監督、特に若い監督が「自分の撮りたいものよりも、売れるもの」という姿勢で制作している状況の中では、珍しい。AV監督であるという以前に、自分が撮りたいものが先にあるのだ。しかし、そこに悩みはある。

「もちろん会社員ですから、売れる作品を撮れるようにならなくちゃいけないことはわかっています。でもそれを私が撮る必要があるのか、それなら男の性欲を理解している男性が撮った方がいいんじゃないかと考えてしまうんです。このパンツの食い込みがいいとか、そうした男性が興奮する細かいニュアンスが、どうしてもわからないんですね。私にはチンコがないので、それはもうしょうがない」

そうした山本の悩みに対して「このまま男性向けにおいておくのは可哀想じゃないか、女性向けを勉強させた方がいいだろう」という声が、会社の上層部からもあるそうだ。そう、ソフト・オン・デマンドグループには、女性向けＡＶを標榜したシルクラボというメーカーがあるのだ。

２００９年にスタートしたシルクラボは映画やテレビドラマのラブロマンスのような美しい映像とロマンティックな展開、そしてイケメン男優を全面に打ち出した初の本格的女性ＡＶ専門メーカーだ。一徹、月野帯人《たいと》、ムーミンをはじめとしたイケメン男優たちは、エロメンと呼ばれ、熱狂的なファンに支持されている。

女性向けＡＶ自体は、それまでにも何度となく作られていはいた。１９９０年にＪＶ

Dから発売された『シンデレラになりたくて…　ＡＶ女優、小沢奈美の性の事情』が最も古い作品であろう。その後も、１９９４年にＡＶ女優であった哀川うららが自ら監督した女性のためのオナニーのハウトゥ『Fake or Truth』（メーカー不明）が発売されている。90年代後半に、とある有名メーカーが女性向けＡＶをリリースするために女性ディレクターを入社させたことなどもあったようだ。しかし、なかなか商業的な成功には結びつかなかった。

その大きな理由としては、女性は「エロに対してお金を払わないから」という話がよくあげられる。

「実際にそうだと思います。自分もそうなんですが、女性はＡＶにはお金を出さない。でも、一徹には出すんです。彼が好きだから、彼の作品を買う。魅力的な男優がいれば、そのために女性は買うんですよ。シルクラボが成功したのは、そこに理由があるんでしょうね」

そうした面から考えると、「可愛い素人男性」と責め好きの女優をからませたいという山本の撮りたいものは女性向けとして成立しづらいのではないか。

「あ、でも、イケメン男優を撮れるなら、それが一番いいんです（笑）。私は気持ちよくなっているイケメンの顔が撮りたいんです。それを見るには痴女が必要だということなんですね。痴女を撮りたいわけではないんです」

現在、シルクラボはロマンティックなカラーの作品がメインだが、もっとハードな作品が見たいという女性からの声もよく耳にする。もう少し女性向けAVの市場が広がっていけば、山本わかめ監督作品も受け入れられることになっていくのではないだろうか。女性が性欲を隠さず、男性を責めたいという欲求が自然なものであるという山本わかめのような世代にとっては、男性を責める＝痴女という認識すらないのだろう。

女性向けメディアの描いたセックス

女性がセックスに対して積極的になろうという姿勢を打ち出したメディアの元祖は、1971年に創刊された『微笑』（祥伝社）だ。創刊当初は「女の意識を高める雑誌・愛の問題に強い雑誌」というキャッチコピーからわかるように女性の性に対する問題意識を啓蒙しようというカラーが強かったが、次第に実践的なセックスハウトゥ企画が増えていく。

さらに『ヤングレディ』（1963年創刊　講談社）が70年代半ばよりフェラチオのテクニックなどを具体的に解説するセックスハウトゥ企画を増やしていき、1986年にはそれをまとめた『LOVEブック』を発売している。

女性誌のこうした過激なセックスハウトゥ企画は、少女向けの雑誌へも波及した。1984年には『ギャルズライフ』（主婦の友社）などの内容があまりにも過激だと国会で糾弾される事件にまで発展している。この時期の同誌や『ポップティーン』（富士見書房）では、フェラチオをはじめとする「彼を喜ばせる」テクニックのハウトゥ記事が満載だった。

こうした少女向け雑誌のセックス記事に対して女性議員は非難の声をあげていた。


「避妊に関する記事以外のほとんどすべてに絶望しました。性解放の観点からして全く未解放であり、婦人雑誌や週刊誌に古くからみられる男性主体で画一的な性の捉え方から一歩も出ていません」（中山千夏参議院議員『週刊プレイボーイ』1984年3月27日号）

「料理以外のほとんどの記事が問題です。特に『カレちゃまの大好きな体位』（エルティーン　１９８４年３月号）など、『性』を全く興味本位にのみ扱い、女性を男性の享楽の対象として、女性蔑視を助長しています」（下田京子参議院議員『週刊プレイボーイ』１９８４年３月27日号）

女性論者からすると、男性に喜ばれるセックス＝女性蔑視という図式に見えたのだろう。しかし、女性誌のセックス記事は、よりそうした方向へと舵を取っていく。

セックス特集に走る女性誌

女性誌がセックスを扱ったという点で、最も大きな事件は、『anan』（マガジンハウス）の１９８９年４月14日号の「セックスできれいになる」特集だった。ファッションやライフスタイルの面で女性誌をリードしてきた『anan』が初めて正面からセックスを扱った

「anan 1989年4月14日号」
マガジンハウス

この特集は大きな話題となり、爆発的な売上を記録した。これを見て、他の女性誌も堰《せき》を切ったようにセックス特集に走った。

さらに1992年には「男性があなたに夢中になる203の方法」というサブタイトルがついた『ジョアンナの愛し方』（オリビア・セント・クレア　飛鳥新社）がベストセラーになる。素晴らしいセックスをするためのハウトゥであり、フェラチオはもとより、乳首や陰嚢《いんのう》、肛門に至るまでの愛撫を推奨している。男性を夢中にさせるには、女性からの積極的な愛撫が必要であるという提案がなされたのだ。

「KIREI（綺麗）1995年1月号」
笠倉出版社

90年代初頭には、成人女性向け漫画として生まれたレディースコミックの性表現が過激化して大ブームとなり、その延長として1993年にはセックスにテーマを絞った初の女性誌『KIREI（綺麗）』（笠倉出版社）が創刊される。応募してきた読者がAV男優とからむグラビアが売りという過激な雑誌だったが、当然、男性への愛撫のテクニックを紹介する記事も豊富だった。

90年代後半からの風俗ブームの影響もあり、こうした女性誌のセックス特集では、風俗嬢にテクニックを学ぼうという記事も盛んだった。この時期、風俗ライターとしての仕事がメインだった筆者も、『anan』を始めとする多くの女性誌のセックス特集で、「風俗嬢のテクニック」についてコメントを求められた。
「アナルとペニスを同時に刺激するヨガらせ技」（『attiva』徳間書店　2004年4月号）、「乳首をもてあそぶなら第一関節下の凹みを使って」（『anan』2006年5月31日号）などというテクニック解説が誌面を埋めているのである。

こうした記事を読んで、実際にそのテクニックを使ってみようという女性読者ばかりではないだろうが、女性が積極的に男性を愛撫することが奇異なことだという意識は、どんどん薄れていったことは間違いない。

90年代生まれの山本わかめが、男を責めるということを自分の性的嗜好なのだと、あっさりと受け入れているの

「オトコのカラダはキモチいい」
二村ヒトシ・金田淳子・岡田育
KADOKAWA／メディアファクトリー　2015年

も当然だろう。

「痴女」化する女性たち

二村ヒトシ監督と、腐女子文化の研究家である金田淳子、そして文筆家の岡田育の3人が「男性の肉体の官能」について鼎談《ていだん》した『オトコのカラダはキモチいい』（KADOKAWA　2015年）の第2章は「20歳のときに知っておきたかった雄っぱいのこと」だ。現実の男性、そして漫画の男性キャラクターの乳首について3人が様々な考察を展開している。

その中でこんなくだりがある。

二村　僕が撮ってきたAVについてお話しするときに、やはり「男乳首なめ」の話は避けて通れません。もともと男優が乳首をなめられるのはAV業界ではなみじのある行為だったんですが、それは撮影の本番中というより、おもに勃ち待ちタイムにおこなわれていたものでした。それを、01年ごろに僕が監督した『痴女行為の虜になった私たち3巨乳女医は男の乳首が好き』（ソフト・オン・デマンド）でメインに取り扱ってみたんです。（中略）僕が監督を始める以前から「女性が男性の乳首をなめる」という描写を含むAVはありましたが、それは比較的マニアックなものだったんです。いわゆる単体女優と呼ばれる著名な女優さん出演の一般的なAVでは、男が乳首をなめられることはほとんどなかった。そういう現場だと、男優である僕が勃起するために乳首をなめてもらっていると監督さんが「ああ、勃ち待ちか」と録画を停めてしまうんですよ。（中略）そして20年が経ち、気づいてみたら、あらゆるAVで男優が乳首をなめられる時代が来ていました」

二村のように乳首が感じる男性は存在していたにもかかわらず、当時のAV監督はそれが普遍的なエロの行為だとは思わず、撮影しなかったということである。

少し前までは、男性の乳首を舐める行為は痴女の記号だったのが、現在のAVでは、どんな女優でも乳首を舐めるシーンがある。それはまるで、AV黎明期に清純派の女優はフェラチオをしなかったのに、すぐにそんなことは信じられないくらいにフェラチオが当たり前の行為になったことを思い起こさせる浸透ぶりだった。

『オトコのカラダはキモチいい』は、イベントでのトークがベースになっているのだが、このときに会場でとられたアンケートでは、「男性の乳首を舐めたことがあるか」という質問に、有効回答の67％が「ある」と答えている（そのうち3人は男性）。7割近くの女性が乳首を舐めることを経験しているとすれば、これはとても乳首舐めは痴女ならではの行為だとはいえない。男性の乳首を舐めることは、もはやノーマルな愛撫ということだ。

一般の女性の間にも、乳首舐めという行為が広がったのは、二村ヒトシ監督作品を始めとするAVの影響が大きいのかもしれないし、女性誌のセックス特集に学んだ部分が大きいのかもしれない。

かつては「痴女」が行うものとされていた乳首舐めを含む女性から男性への積極的な愛撫は、もはや一般的なものとなっている。

そして、女性が男性が感じている姿を見て興奮するということも、もはや当たり前だ。南智子が悩んだように自分は異常なのではと思い込むこともないだろう。

いうなれば、現実の女性たちの間にも「痴女」は「拡散と浸透」が進んだのである。

ここまで語ってきたようにアダルトメディアで描かれる「美少女」「ギャル」「熟女」「素人」などは、すべて男性の妄想を具現化したものだといえる。しかし、痴女だけは現実へと侵食していった。女性たちはAVなどで描かれた痴女の要素を取り入れていった。

それは、なぜなのか。痴女の歴史を考えるとそれは見れば当たり前のことだといえるのかもしれない。

「痴女」はもともと女性たちのイマジネーションから生まれ、女性たちが磨き上げていったものだからだ。

第五章　男の娘《こ》の時代

男性の専属女優誕生

２０１４年のＡＶ業界に衝撃的、というより一風変わったニュースが走り抜けた。男性初の、メーカー専属女優が誕生したというのだ。男性なのに女優とは、意味がわからないかもしれない。その女優・大島薫は、いわゆる「男の娘」（オトコノコ）、つまり女装した男性なのだ。男性がケイ・エム・プロデュースと専属契約を結び、単体女優となったのだ。

「すぐにフル勃起してしまう
恥ずかしいボクのオチンチン　大島薫」
レアル　2014年

ニューハーフの専属女優ということなら、楓きみか（オペラ）や荒木レナ（ムーディーズ）など、それまでにも何人もいたのだが、手術も女性ホルモン投与も全くしていない純粋な男性がＡＶメーカーと女優として専属契約を結ぶというのは前代未聞だった。

「女装してカメラの前で男優とのセックスを見せる男性」と聞けば、心は女性で、本当は女性の身体になりたいのではないかと思いがちだが、大島薫はそれを否定する。大島薫がなりたいのは、かってネットで見たイラストのふたなり少女、そして女装少年なのだ。

「顔は完全に女の子だけど、胸はぺたんこでおちんちんはすごく大きくて。そういうアンバランスな存在ですね。（中略）だから、あくまでも女装がいいんです。本当に女の子になっちゃうと、違うんですよ」（クラウドファンディング「hanz-hanz.com」大島薫インタビュー　2014年）

大島薫にとって、立派なペニスがあることが、重要なのだ。そして、それは彼（彼女？）のAVを見るファンにとっても同じことなのである。

実は大島薫がAVメーカーと専属契約を結んだと聞いても、筆者はあまり驚かなかった。それほどこの時期、大島薫は話題の存在だったのだ。

それは00年代末から盛り上がってきた「男の娘」ブームの結実ともいえる出来事だったのである。

そして大島薫のような「男の娘」の登場は、ある種のアダルトのジャンルにおいても、ようやくたどり着いた結論でもあった。

男の娘ブームの到来

「男の娘」という言葉は、2000年頃に2ちゃんねるの女装系スレッドが発祥のネットスラングだったといわれている。ちょうどこの頃から『純愛Girl』（CAGE　2001年）や『処女はお姉さまに恋してる』（キャラメルBOX　2005年）といった女装少年が登場する成人向けゲームや、ブリジットという女装少年が登場する対戦格闘ゲーム『ギルティギア　イグゼクス』（サミー　2002年）が人気を集めたり、『プリンセス・プリンセス』（つだみきよ）、『プリティフェイス』（叶恭弘《かのうやすひろ》）、『放浪息子』（志村貴子）などの女装をテーマにした漫画が相次いで連載を開始するなど、二次元を中心に女装が注目を集めていた。2006年にはアニメ化、実写ドラマ化もされた人気漫画『もやしもん』（石川雅之）の美少年キャラクター、結城蛍が突如として女装キャラへと変貌して話題となった。そしてそれは「男の娘」という新しいニュアンスを持った言葉を得て、盛り上がりを見せていく。

そして2007年、一迅社から初心者向けの女装のハウトゥ本『オンナノコになりたい！』（三葉）が発売される。女装のハウトゥ自体は決して目新しいものではなかったが、可愛らしいイラストをふんだんに使い、イベントでの女装コスプレを目的として扱うなど、いわゆるオタク層をターゲットにしている点がユニークであり、話題を呼んだ。

この年には、秋葉原に男の娘のメイド喫茶「雲雀亭」が開店、さらに現在も続いている日本最大規模の女装・ニューハーフのイベントである「プロパガンダ」がスタートし、マスコミでも「男の娘」という言葉が盛んに取り上げられるようになった。

2009年には、ニンテンドーDS用のゲーム『THE IDOLM@STER』（バンダイナムコゲームス）に登場する3人のヒロインの一人、秋月涼が女装した少年であることが判明し、大きな話題となる。その存在に対しては賛否両論があったが、大ヒットの人気ゲームのメインキャラクターとして女装少年が扱われるほど「男の娘」は一般にも浸透していたということだ。

またタイトルにも「男の娘」をうたった初の専門誌『オトコノコ倶楽部』（三和出版）も創刊、翌年には男の娘をテーマにした漫画誌『わぁい！』（一迅社）、『おと☆娘』（ミリオン出版）も相次いで創刊され、ユーキャン主催の新語・流行語大賞に「男の娘」がノミネートされるなど、ブームは加熱状態にあった。

こうした「男の娘」ムーブメントを新しいカルチャーとして評価する動きもあったが、日本文化の中で女装は古くから根付いたものであり、アダルトメディアの中でも古典的なジャンルのひとつだった。

男の娘の歴史についてまとめた『大人限定　男の娘のヒミツ』（マイウェイ出版　2015年）の中で自らも女装を行うライターの来栖美憂《くるすみゆう》はこう書いている。

「（前略）『男の娘』的なものの『ブーム』は、ほぼ十年のスパンで、流行し、衰退し、また流行している。男の娘は、普遍的なものであり、また流行ものでもあるのだ」

日本の女装の歴史

そもそも日本は建国神話の英雄として女装者を描いている。『古事記』や『日本書紀』に登場するヤマトタケルは女装して朝敵であるクマソタケルを討っているのだ。

さらに1629年に歌舞伎に女性が出演することを禁じられて以降は、男性が女役を演じることが当たり前になっているし、江戸時代のベストセラーである『南総里見八犬伝』（滝沢馬琴　1814年～1842年）にも犬坂毛野《いぬさかけの》という女装の美剣士が登場するなど、遡ればいくらでも日本文化と女装の結びつきを語ることはできる。

女装を専門に取り扱ったメディアとしては1980年に創刊した『くい～ん』（アント商事）がその元祖だろう。1979年に神田にオープンした日本初の商業女装クラブ

「エリザベス会館」の広報誌として誕生し、2003年の休刊に至るまで長くマニアに愛された。

それ以前は女装は『奇譚クラブ』『風俗奇譚』（文献資料刊行会）といった雑誌の中で、SMやホモ、フェチなどのテーマのひとつとして扱われていたのである。

1981年に発売された『別冊くい〜ん』を見てみると多くの女装モデルがグラビアを飾り、女装メイクのテクニックや、おしゃれのポイントが解説されている。

興味深いのは、1955年に演劇研究会という名の女装愛好会を主宰していた滋賀雄二による当時の女装愛好者の実態調査資料だ。女装に目覚めたきっかけとして「戦時中軍隊で上官から鶏姦《けいかん》されてから」という回答があるあたり、さすがに時代を感じさせられるが、「中学時代に小説や挿絵を見てから」という回答などは、大島薫の「ネットでふたなりのイラストを見てから」というきっかけと共通する部分を感じてしまう。二次元の影響で女装に目覚めるというのは、60年以上前から珍しいことではなかったようだ。

1981年は、「ニューハーフ」という言葉が定着した年でもある。その語源は1980年（1981年説もあり）に桑田佳祐とショーパブ「ベディ」のママとの会話の中で生まれたという説が有力だ。

それまで、女装者やゲイの男性は「オカマ」「おねえ」「ゲイボーイ」「シスターボーイ」「ブルーボーイ」などと呼ばれ、しばしば混同されていた。

団鬼六の名作SM小説『花と蛇』（1962年〜1975年）にも、春太郎と夏次郎という名のシスターボーイが登場し、「全然、女にゃ興味はなく、野郎の方にだけ興味を……」と言われると「あら、失礼ね。そういうのはゲイボーイ。つまり、オカマよ。私たちはシスターボーイ、女性的男性てわけよ。十分、女性を満足させる能力だってありますわ。人並以上よ」と反論している。実際、彼らは物語の中でヒロインたちを犯している。男性を相手にすることもあるので、両刀使いのようだ。

ニューハーフという言葉が脚光を浴びたのは、松原留美子の登場がきっかけだ。松原留美子は1981年3月に六本木のイメージポスター「六本木美人」のモデルに起用されるが、その後に男性であることが発覚し、大きな話題となり、その年の秋には角川映画『蔵の中』にヒロインとして出演する。その彼女のキャッチフレーズとして使われたのが「ニューハーフ」だった。レコードデビューも果たしているが、アルバムのタイト

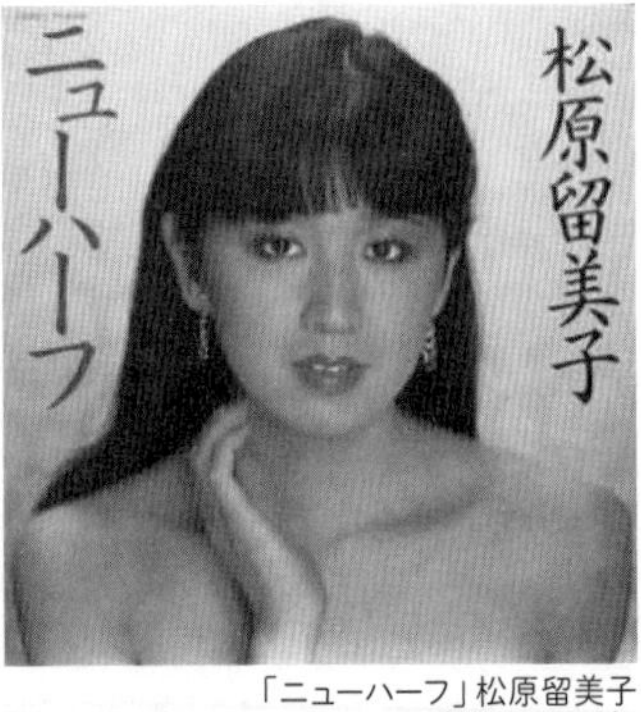

「ニューハーフ」松原留美子
東芝　1981年

ルも『ニューハーフ』だった。

松原留美子は、身体は一切いじっていなかったらしく、ニューハーフというよりも、むしろ「男の娘」に近い存在だったのかもしれない。

1981年には、もうひとつ大きな出来事があった。江口寿史が『週刊少年ジャンプ』で『ストップ!!　ひばりくん！』の連載を始めたのである。『すすめ!!　パイレーツ』の大ヒットで新世代のギャグ漫画家の旗手となった江口寿史の、『パイレーツ』以上のヒットとなった代表作であり、1983年にはテレビアニメ化もされている。

ヒロインの大空ひばりは、スポーツ万能で成績優秀の美少女で、学園のアイドル的存在だが、実は男性。その秘密を知っている主人公の坂本耕作との「禁断の恋」を描くラブコメディだ。江口寿史自身は、ヒロインが実は男であるという設定によって、当時全盛だったラブコメを茶化すつもりだったらしいが、ひばりくんの小悪魔的な可愛らしさは作者の想像以上に広く受け入れられ、後の「男の娘」像にも大きな影響を与えることになる。

ちなみに、松原留美子のイメージもひばりくんに投影されていることを、江口寿史は後に語っている。

手塚治虫は多くの女装キャラ、両性具有キャラを描いていたし、永井豪も『ガクエン退屈男』『バイオレンスジャック』に身堂竜馬という女装キャラを登場させているなど、『ストップ!!　ひばりくん！』以前でも、漫画では女装キャラは珍しいものではなく、以降も描かれ続けていく。

AVに最初に登場したニューハーフ

それではAVの世界ではどうだったのだろうか？

日本で最初に作られたニューハーフAVは、おそらく1983年に映研が制作した『華麗なるゲイの世界を彩るドラマ　リラ』だろう。

映研は、SMやスカトロ、ゲイなどのマニアックなAVばかりを制作していたメーカーで、ゴールドマン監督も初期には実験的なボンデージ作品を数本リリースしている。

内容は、京都に旅行に来たカップルが、ニューハーフショーパブに遊びに来て、

「華麗なるゲイの世界を彩るドラマ　リラ」
映研　1983年

そこで男性の方がホステスであるリラと恋に落ちてしまうというドラマ物。当時のショーの様子がかなり長めに撮影されている。

主演のリラは、メイクこそ時代を感じさせるものの、現代でも通用するほどに美しく、女性にしか見えない。

実は筆者が自分のブログにこの作品のことを書いた時に、それを読んだ本人、美郷りらから手紙をもらったことがある。彼女は、人気ニューハーフとして、テレビ番組や雑誌などに出演しており、桑田佳祐のバックで踊ったこともあったという。

本作のパッケージには「男から女へ、それは古都を舞台にくり広げるゲイの世界」というコピーが書かれており、タイトルでもパッケージでも、ニューハーフではなくゲイと表記されている。美郷によれば、この頃はソフトゲイと言われることも多かったそうで、まだ呼称も混乱していたようだ。

ちなみにこの撮影時、美郷は「無し有り」(睾丸切除済だがペニスは残っている状態)だったと言うが、作中でブリーフの前が大きく盛り上がっているのは、監督の指示でハンカチを入れて膨らませていたとらしい。

映研は翌年、続編として『華麗なるゲイの世界を彩るドラマ　エミ』や『美少年メタモルフォーゼ』といった作品もリリースしている。この二作では、男性がメイクによって女性化する様を見せており、後の「男の娘」を先取りした作品とも言える。この後、ＡＶ業界では、ニューハーフよりもアメリカ発祥のシーメールという言葉が定着する。

シーメールは She（彼女）と Male（男性）を組み合わせた言葉で、立派な乳房を持ち、顔も女性なのだが、股間にはペニスがあるという存在だ。整形手術や女性ホルモンの投与など、医学の進歩によって生み出された新たな「性」である。１９８０年頃からこうしたシーメールが出演したＡＶが裏ビデオとして日本にも輸入され、密かに流通していた。『リラ』や『エミ』も、豊胸しているのでシーメールということになるだろう。

日本で最初にシーメールという言葉をタイトルに付けたＡＶは１９８６年に発売された『シーメール　ちえみ』だ。メーカーは、やはり映研だ。

主演のちえみは映研がニューハーフ作品を出しているのを見て、自分から売り込んできたのだという。残念ながら筆者はこの作品は未見なのだが、ちえみは外見はかなり女性っぽかったらしい。

藤木ＴＤＣの「アダルトビデオ最尖端」（コアマガジン　２０１１年　現在は『ニッポンＡＶ最先端』と改題されて文春文庫から発売）には、この『シーメール　ちえみ』や黎明期のシーメールＡＶについて詳しく書かれている。

本作で、ちえみのアナルトレーニングをするオカマ役で出演していたのが、AV黎明期に活躍した怪男優・山本竜二だった。

山本竜二は、戦前から活躍する映画俳優、嵐寛壽郎《かんじゅうろう》の甥であり、父親も殺陣師《たてし》という血筋にあり、俳優として活躍するも、やがてピンク映画、そしてAVに活躍の場を移し、スカトロやSMなどのマニアックなプレイも好んで引き受ける異色のキャラクターで人気を集めた。

3年後の1989年に、今度はその山本竜二が『シーメールEVE！ 両性具有』（新東宝ビデオ）を監督する。その後も数本のシーメール作品を撮るが、出演する「女優」はすべて山本自身がニューハーフパブやニューハーフヘルスで探したのだという。

山本竜二の監督したシーメール作品は、国産作品を待ち望んでいたマニアがたくさんいたのか、それとも単に物珍しさで見た人が多かったのかは不明だが、かなりの売上を記録した。

しかし、その作品は山本竜二にとって、満足のいくものではなかった。大きな問題があったのだ。

「洋ピン（アメリカンポルノ）のシーメールはみんなビンビンに勃起して男でも女でも

バコバコにハメるじゃない。日本のシーメールはあの時代、一人も勃起しなかったんだよ」（『アダルトビデオ最尖端』）

シーメールは性同一性障害などで、精神的には女性であることが多い。彼ら（彼女ら）は女性らしい肉体を手に入れるために、女性ホルモンを投与していたり、睾丸《こうがん》を摘出していたりする。そのためペニスが縮小し、完全に勃起しないのだ。

だが山本竜二は１９９６年にシーメールが勃起して射精するＡＶを撮ることに成功する。それが『シーメール天国　両性具有の優越』（新東宝ビデオ）だ。

主演はフィリピン・ニューハーフ・クラブで働いてたフィリピン人のＴＡＲＡ。

「なんでフィリピン人のオカマが勃つかっていうと、彼女らはシリコンで胸を膨らませているだけでキンタマ取ってないし、発展途上国の人たちだから女性ホルモンを打つお金がないんだよ（笑）。（中略）日本でお金を稼いでようやくホルモンを打ち始めたところ」（『アダルトビデオ最尖端』）

ＴＡＲＡが勃起し、射精できたのは、いわば偶然の産物だったというわけだ。

シーメールのＡＶを見るユーザーは、女の顔と肉体なのにペニスを持っているというアンバランスさに魅力を感じる。したがって勃起したペニスは重要なポイントなのだ。しかし、女性としての肉体を持ちたいシーメールたちにとっては、むしろペニスは邪魔なものである。女性化するために女性ホルモンを打ち、睾丸を摘出し、その結果としてペニスは縮小し機能を失っていく。

その意識のギャップが、シーメールＡＶの大きな問題だった。

漫画で描かれた「ふたなり」

その一方で二次元の世界では、そうした現実のギャップは問題にならなかった。漫画に描かれるシーメールは、完全に女性の肉体を持ちながら、見事な巨根を勃起させ、大量の精液を噴出して射精して見せる。

１９８８年にフランス書院文庫から発売された、まいなぁぼぉいの『景子先生の課外授業』には、不良生徒たちによって女性ホルモンを打たれて乳房が大きくなっている美少年・春川かおるが登場する。かおるは生徒たちのペットとして女性として扱われているのだ。美少女のような顔立ちと乳房を持ちながら、股間には立派なペニスを持っている。

作中にはシーメールという言葉は出てこないが、かおるは正しくシーメールそのものだ。

『景子先生の課外授業』は、SM作家の杉村春也が1980年に『SMファン』（司書房）で連載した『獣色学園』（1986年にフランス書院文庫で書籍化された際に『英語教師・景子』に改題）をまいなぁぼぉいがコミカライズしたもので、『景子先生』シリーズとして6作まで続き、2007年には『奴隷女教師・景子』（マイウェイ出版）としてリメイクされ、現在まで刊行が続いている人気漫画である。

本作にはヒロインとして、主人公である美人教師の松下景子、かおるの母である未亡人の春川佳代が登場するが、春川かおるは彼女たちに劣らないほどの人気を博した。ネットでは今なお、かおるを主人公にした小説や漫画などのファンアートが発表されているほどなのである。

シーメールに特化した最初の漫画単行本『シーメールコレクションVol.1』が白夜書房から発売されている。

しかし、完全にフィクションの世界を描ける二次元ではシーメール以上に人気を集めた存在があった。「ふたなり」である。

ふたなりは、半陰陽。つまり男性でありながら女性でもあるという存在だ。医学的には身体的な性別を単純に分類できない状態を指し、数千人に一人の割合で存在するといわれているが、多くの場合は外見的にはっきりとその特徴が現れず、周囲はおろか本人も気づかないことがあるという。

二次元で描かれるふたなりに関しては、女性の肉体に加えてペニスがあるという状態で描かれることがほとんどだ。女性器のクリトリスにあたる部分がペニスとなっているのだ。

初めて成年漫画にふたなりを登場させたのは、ダーティ・松本だといわれているが、強烈な印象を残したのは、唯登詩樹《ゆいとしき》の『かのみ』シリーズや、このどんとの『奴隷戦士マヤ』シリーズだろう。

「わたし異常体質なの」（『マーメイド・ジャンクション』収録　白夜書房　1987年）は『かのみ』シリーズの第1作目。

女子高生のかのみが学校の保健室で女教師に生まれつきの異常体質を相談する。かのみの股間には立派な男性器が生えていたのだ。女教師は興奮して、かのみのペニスをしゃぶり始める。そして女教師のセックスフレンドである男子生徒も加わっての3Pに突入する、というもの。かのみが女教師にペニスを挿入し、男子生徒がかのみの膣に挿入するという3連結ファックがクライマックスだ。

「私、女として、それに男としても目覚めることができました……。他の誰もが知りえない感覚を味わいました。保健室の先生に相談して……よかったわ」

というかのみのモノローグで話は終わる。

一方『奴隷戦士マヤ』は異世界に飛ばされてしまった女子高生のマヤが数奇な運命をたどるというSFファンタジー。その第1巻にあたる『奴隷戦士マヤ　誕生編』（コスミックインターナショナル　1989年）では、マヤがその肉体を魔道士によって巨大なペニスの生えた肉奴隷に変えられてしまう。このペニスは平常時は体内に収められているが興奮すると股間から飛び出して勃起する。もっとも、ほとんどのシーンでマヤは発情状態なので勃起しっぱなしなのだが。

「奴隷戦士マヤ」このどんと
コスミックインターナショナル　1989年

どちらの作品も、先天的であれ後天的であれ、ペニスがあっても肉体的にも精神的にも少女である。漫画で描かれるふたなりは、そのほとんどが「ペニスを持った少女」なのだ。

90年代に入ると「ふたなり」は成人漫画の重要なジャンルと呼べるまでに定着していく。

ちなみに、男性同士の愛やセックスを描く「やおい」「ボーイズラブ」（BL）と呼ばれる女性向け漫画の場合は、「受け」の男性の肛門が、女性器のように描かれることから「やおい穴」と称されることがある。これは男性のふたなり表現といえなくもない。

90年代のニューハーフブーム

二次元で「ふたなり」が人気を集めていた頃、三次元でもシーメール、ニューハーフは盛り上がりを見せていた。

人気テレビ番組『笑っていいとも！』（フジテレビ系）で、1988年から「Ｍｒレディー　Ｍｒタモキンの輪！」なるコーナーが始まる。ニューハーフクラブやショーパブなどの人気ニューハーフが出演する企画で、一ノ瀬やす子、矢木沢まり、朝川ひかるなどが脚光を浴びた。女性以上に美しいＭｒレディーたちに、視聴者は驚かされ、他の番組でもニューハーフを取り上げることが増え、ちょっとしたブームとなる。

そして、1992年にニューハーフ専門誌『シーメール白書』（光彩書房）が創刊され、少し遅れて1995年に『ニューハーフ倶楽部』（三和出版）、1996年に『シーメールラブＧＯＬＤ』（司書房）が創刊。この3誌がシーメール雑誌の3強と呼ばれた。

ＡＶでも東京音光やアルファーインターナショナルなどが、定期的にニューハーフ作品をリリースし、マニア向けとしてジャンルを確立していた。

90年代で特筆しておきたいのは、ヴィジュアル系と呼ばれるロックバンドの台頭だ。X（現Xジャパン）のブレイクをきっかけに広がったムーブメントで、耽美《たんび》的なファッションやメイクが特徴である。特に中性的なルックスを全面に押し出すバンドが多く、中でも1997年にブレイクしたシャズナのボーカリストIZAMは女性と見間違うようなルックスで人気を集めた。IZAMは、後に吉川ひなの、吉岡美穂と結婚していることからもわかるように性的にはストレートであり（バイセクシャルとの噂もあるが）、まさに「男の娘」的な存在だった。

また、ディープなアナル&スカトロ専門誌である『お尻倶楽部』（三和出版）が人気を集めるなどマニア向け専門誌や、「ぶっかけ」や「痴女」「盗撮」などのマニア向けセルビデオが市場に溢れるといったフェチブームの盛り上がりも、その背景にはあったかもしれない。一般層にまで、「ストレート」ではない性癖に対しての興味が高まっていたのだ。

「ニューハーフ倶楽部 1995年3月号」三和出版

90年代は、ニューハーフや男の娘的なものが浸透しつつあった時期だといえる。

そして、それは21世紀を迎えて、一気に吹き上がったのだ。

「Melty Love」SHAZNA
BMG JAPAN　1997年

二村ヒトシのふたなりＡＶ

二次元では、すっかりジャンルとして定着していた「ふたなり」を三次元、つまりＡＶの世界へ持ち込んだのは、痴女ＡＶでも大きな役割を果たした二村ヒトシ監督だった。痴女の章でも書いたように二村は『男性を犯す、強い女の子になりたい』という願望を持っていた。それが「チンポが生えた美女がいたら最強だな」という発想にたどり着く。二村は『ユリイカ』の「男の娘」特集号（２０１５年９月号　青土社）にこう書いている。

「きっかけは堤さやかさんという目つきが強くておっぱいが小さくてスラリとした少年のような体型の美少女が、撮影の休憩中にオモチャのちんぽを股間に装着し『わしのチンポはどうじゃ、でかいであろう』などといって巫山戯《ふざけ》ていたので（ボクっ娘どころかワシっ娘だったのか）たわむれにそのニセちんぽを愛撫したところ、彼女はマジで興奮、それでぼくも興奮してしまったという事件だった。架空のちんぽを愛撫され、心の中のチンポが勃ってしまう、イマジネーション豊かな女性が存在したのだ。可愛らしかった。

彼女は痴女たちと同じように〝ぼくの分身〟でありながら、それ以上の〝何か〟だった」

堤さやかは、２００１年から２００３年に活躍し、企画単体ブームを牽引した人気ＡＶ女優だ。当時、既に20歳を超えていたが小柄で童顔だったため、主に高校生以下の役が多かった、いわゆるロリ系モデルだ。

二村がここで書いた撮影現場は堤さやかが杉本まりえと共演した『痴女行為中毒になった私たち１』（２００２年　ドグマ）で、ＤＶＤ版の特典映像として、そのシーンが収録されている。

二村が書いているように、本編の撮影の休憩中の出来事らしく、途中で堤さやかが「え、（カメラ）回してるの？」と驚いている。

最初は堤さやかのショーツの中にリアルな張り型を入れて、ふさげていただけだったようだ。彼女のノリがよいので、二村も一緒になってノリ始める。男子高校生が電車の中で痴漢されるという設定で、二村が堤さやかの股間を触る。膨らんだジーンズの股間を触られて、堤さやかは思わず「恥ずかしい」と声を漏らすと、二村が返す。

「勃っちゃうと恥ずかしいだろう。女の子は濡れちゃってもわからないけど、男ってわかるからね」

二村が布越しに張り型を愛撫すると、堤さやかの息が荒くなり、目つきがトロンとしてくる。明らかに興奮している。二村がショーツから張り型の先端を露出させて、そこを執拗《しつよう》に触る。

「やばい、気持ちいい」

「何知らないおじさんに、チンポ握られて固くしてるんだ」

「気持ちいいから……」

画面だけ見ていれば、完全に堤さやかから生えているペニスを愛撫されているようにしか見えない。それほど、堤さやかは、感じているのだ。

「何かすごい変な感じ」

「実際には触ってないんだよ」

「わかってるんだけど」

二村は張り型の先端に舌を這わせる。小さな悲鳴をあげ、やがてうっとりした表情になる堤さやか。

「チンコ、気持ちいい。ぺろぺろされると気持ちいい。超カリ、気持ちいい」

そして、堤さやかは絶頂を迎える。その瞬間、人工のペニスからは、見えない精液が噴出したかのようだった。

息を荒げ、上気した表情で堤さやかは言う。

「何かね、ちんこついてるんだけど、おまんこがひくひくしてる。すごい変な感じだよ」

それを聞いて、二村が堤さやかのショーツをずらす。

「すごい濡れてるね」

一切、性器には直接愛撫を受けていないのに、堤さやかはぐっしょりと濡らしていたのだ。

「このまま、（チンコをつけたままで）暮らすか？　まんこなしで」

二村に言われると、堤さやかはこう答える。

「どっちもつけたい」

「おれも心底まんこつけたいよ」

二人は、共に「ふたなり」への願望を口にしている。

さらに、張り型にローションを塗って、自分でしごき始める堤さやか。ふたなり少女のオナニーである。

「おお、ああ……」

喘ぎ声を漏らしながら、自らをしごく。それを見て、二村も下着を下ろしてペニスをしごき始める。当時の二村は、監督しながらペニスをしごくスタイルが売りであり、本作のクレジットも監督ではなく「撮影現場でチンチンいじってた人」となっている。

堤さやかは、目の前に突き出された二村のペニスを口に含みながら、自らのペニスもしごく。

そして、再び絶頂を迎える。

「出る、ああ、出る」

本人にしか見えない精液が放出される。息を荒らげて、少しスッキリしたような表情で、声を漏らす。

「気持ちよかった……」

これが、おそらくAVで最初に描かれた「ふたなり」であろう。ここに手応えを感じた二村ヒトシは、この後、ボーイッシュな美少女である広末奈緒を起用して、本格的な「ふたなり」作品『男根少女　広末奈緒』（2002年　ドグマ）を撮影する。

「男根少女　広末奈緒」
ドグマ　2002年

ここでの広末奈緒は、学生服を着た少年の役を演じている。ショートカットで胸も小さく、声もハスキーな彼女は、本当に少年のように見える。

部屋で、友人二人と広末奈緒のＡＶ（笑）を見ているうちに催してしまった3人が、行為に及んでしまうという展開は、完全にＢＬ（ボーイズラブ）そのものであり、広末奈緒は男たちを犯す「タチ」である。作品も、どちらかというと、男性が女性のようにアナルを犯される快感の方に焦点がおかれているように見える。

また、広末奈緒の装着したペニスからは、絶頂に達すると白い液が噴出するという射精ギミックが備えられたが、これは作り物感が強く、むしろ何も起こらなかった堤さやかの張り型オナニーの方がリアルに思えた。

続くシリーズ第2作『男根少女2　森下くるみ』（２００２年　ドグマ）はドグマの看板女優である森下くるみが出演した。こちらでは、澤宮有希《あき》らの女優も男性役を演じ、一見すると男性と男性のホモ行為に見えるが、実は女性と女性のレズ行為だという複雑な構図となっている。

しばらくブランクをおいて作られた第3作『男根少女　本上花梨《かりん》』（２００８年　ドグマ）では、ようやく「ペニスを持った少女」が描かれる。しかし、このとき、ＡＶには既に人工のペニスではないリアルな「ペニスを持った女」たちが登場していた。

ニューハーフAVの新しいスターたち

AVの世界では、ニューハーフ・シーメール物はマニアックなジャンルとして、細々と作られていた。

00年代になると、東京音光やアルファーインターナショナルに加えて、グローリークエストやワイドルドサイドといったメーカーもニューハーフ物に参戦してくる。

そして2004年に水朝《みずあさ》美樹がAVにデビューする。

AVに出演するニューハーフは、ニューハーフヘルスなどの風俗店でスカウトされることが大半であり、風俗との兼業だ。そのため、AVはついでの活動といったスタンスが多く、ほとんどが1～2本のみの出演に終わっていた。

水朝美樹（初期は不動美樹名義も）も名古屋のニューハーフヘルス出身だが、AVでの活動に積極的であり、その整ったルックスとM性の強さで人気も高く、20本以上の作品に出演した。いわば、最初の本格的ニューハーフAV女優と

「100%まるごと水朝美樹」
アルファーインターナショナル　2007年

もいうべき存在だ。

そしてその2年後の２００６年に月野姫がデビューする。アイドルのような愛らしいルックスの月野姫だったが、彼女には大きな特徴があった。自分のペニスを男性のアナルへ挿入する逆アナルファックができたのである。

かつて日本初のニューハーフＡＶを監督した山本竜二が嘆いたように、ニューハーフは睾丸を摘出、あるいは女性ホルモンを投与しているために、男性器が縮小し、勃起不全ということが多い。また基本的に「女性でありたい」と思っている「彼女たち」はペニスを愛撫されることを、あまり好んでいなかった。

ところが00年代半ば頃から、ニューハーフヘルスでは「逆アナル」の人気が高まっていたのだ。客がニューハーフのペニスでアナルを犯されるというプレイができる、できないかで店での人気に大きな差が出る。

そんな背景から、女性ホルモンの投与を少なくし、ペニスをできるだけそのままにするニューハーフヘルス嬢が増えていたのだ。またバイアグラなどのＥＤ治療薬の普及も大きな助けとなった。

「シーメールジャム1　月野姫」
グローリークエスト　2006年

そして月野姫をはじめとして、ルックスは可愛らしい女性そのものなのに股間には勃起するペニスがあるというシーメールたちがＡＶにも次々と登場していったのだ。

ニューハーフＡＶに革命をもたらしたメーカー

ＡＶでのニューハーフ人気が頂点に達したのは２００７年から２００９年にかけてだ。その中心的存在となったメーカーがオペラである。オペラは、豊田薫監督がプロデュースを務めるということで鳴り物入りで２００５年に誕生したメーカーだ。

豊田薫は１９８５年に『少女うさぎ　腰ひねり絶頂　高野みどり』（ＫＵＫＩ）でデビューして以来、ＡＶシーンを牽引してきた監督だ。80年代には芳友舎（現h.m.p）で『マクロボディ　奥までのぞいて』『口全ワイセツ』などの数々のヒット作を連発。また１９９４年にはＡＶメーカーの制作した日本初の本格的ヘア解禁ビデオ『MARY JANE』（ケイネットワーク）を監督し、大ヒットさせている。

そして１９９６年には自らがプロデュースするレーベルであるリア王をワイルドサイド内に設立。アナルやスカトロといったテーマを中心としたマニアックかつオリジナリティに溢れた作品を生み出した。

オペラは、そのリア王やワイルドサイドの別レーベルのコブラを引き継ぐ形で、ＡＶメーカーの最大手であるＣＡグループの傘下に設立された。

オペラも２００５年のスタート時は、アナルやスカトロ、レイプといったテーマの作品が中心だったが、２００７年頃からニューハーフ物の比率が高くなっていった。


「オペラでは最初はニューハーフをやる予定はなかったんです。もうアルファ（・インターナショナル）とかがマニアックな店の棚は占めていたから、後発組だと入る余地はないだろうって話してたんですよ」


そう語るのは、ワイルドサイド時代から豊田薫の片腕として活躍し、その後は共にオペラを支えた伊藤雅也監督だ。

伊藤は10代の頃からニューハーフに強い興味を持ち、専門誌などを読んでいた。コブラでも、ニューハーフ物が撮りたいと自ら企画を出し、『シーメールＳＥＸデート』シリーズ（２００５年）などを監督している。

「ニューハーフ撮りたいなら、自分で探して来いって言われて、上野のニューハーフ、ルス回って、口説いてました」

オペラがニューハーフ物へと路線変更したのは、AV業界ならではの理由がきっかけだ。それまでのセルビデオの自主規制の基準として、アナルは無修正でもよい、というものがあった。これは、ヘアとアナルはNGという当時のビデ倫＝レンタル系メーカー陣営に対して大きなアドバンテージだった。もともとレンタル系メーカーで規制をめぐってビデ倫と衝突を繰り返していた豊田薫にとって、規制の緩いセルの世界は新天地のようであり、リア王、そしてオペラではギリギリの露出度を狙った作品作りに挑んでいた。

それが2007年にビデ倫が審査不十分として警視庁保安課による家宅捜索を受けた影響で、オペラの審査をしていたＶＳＩＣの基準も厳しくなった。アナルは、そのままでは無修正でいいのだが、何か異物が触れた瞬間からモザイク修正が必須ということになったのだ。

例えば女性が全裸で大股開きをしているシーンがあったとする。そのままだと女性器の部分だけにモザイクがかけられ、肛門は見えている。ところが男優の指やバイブなどが、肛門に触れた瞬間に、モザイクがかけられるのである。つまり、そのままの肛門は単なる排泄器官だが、異物が触れた瞬間にわいせつな性器に変わるという認識だ。そして肛門内から出てくる便も異物であるということになった。脱糞の際にアナルにモザイクをかけなければならなくなったのである。

「本当にそれが原因だったのかはわからないけど、とにかくそれでアナル、スカトロ物の売上が落ちたんですよ。でも、ニューハーフ物は上がっていた。じゃあ、こっちをメインにしようって話になった」

オペラはAV業界最大手のCAグループ傘下ということもあり、他のニューハーフ作品を撮っているメーカーよりも、制作費は豊富にかけられた。女優のギャラも上げられるし、南波杏などのグループメーカーの人気専属女優と共演させることもできた。パッケージの写真やデザインにこだわることもできた。さらに宣伝費もかけられる。

それまで、あくまでもマニア向けとして作られていたニューハーフ物だったが、オペラはこうした制作体制により、一般ユーザーにもアピールしていったのだ。

「後発だと、マニアックな店の棚は奪えないと思っていたけれど、それまでニューハーフを見ない一般層を取り込めちゃったんですよ。だか

「最高のシーメールデビュー
愛間みるく」
オペラ　2007年

ら、それまでとは桁違いの売上になったんです」

中でも２００７年に伊藤が監督した『最高のシーメールデビュー』でデビューした愛間みるくは、その愛らしいルックスに似合わない巨根の持ち主で爆発的な人気となった。また、00年代以降はＡＶで女優が潮を吹くことは当たり前になっていたが、愛間らニューハーフ女優たちも、潮を吹くことができた。

いわゆる「男の潮吹き」と呼ばれるもので、ニューハーフ女優たちは精液でも尿でもない無色透明の液体を尿道口から大量に噴出させることができた。

「男優さんみたいに絶倫の子も増えたんですよ。特にリコとか楓《かえで》きみか（共に２００９年デビュー）はすごかった。それまでは、『なんとか発射できればいいね』くらいだったのが、１日に何発も発射できるし、いろんな体位でやっても勃起を維持できる。ニューハーフもどんどんレベルが高くなっていったんですよ。もうちゃんと勃起して発射できるというのが前提みたいになっていった」

ＡＶに出演するニューハーフのレベルが上がったのは、オペラがギャラを釣り上げたことが大きい。ＡＶ女優を扱うプロダクションがニューハーフも扱うようになったのもこの頃だ。それまでは、可愛い女の子だと思ってスカウトしても、ニューハーフだとわかると断るのが普通だったのだ。

浣腸とニューハーフが一般化した２００７年

このニューハーフＡＶが黄金期を迎えた２００７年は、ＡＶ史においても少し特殊な年だったといえる。

『ＮＡＯ　ＤＶＤ』誌が創刊３周年を記念して、創刊した２００６年から２００８年までのＡＶ業界を振り返った「２００６年〜２００９年のＡＶ界を語る！」という座談会記事の中で、筆者とＡＶライターの大坪ケムタ、藤木ＴＤＣ、そしてショップ関係Ａ氏は、２００７年についてこう語っている。

安田　そして２００７年ですが、ＡＶの内容のハード化が目につくようになりました。電マなどの機械を使って女優を徹底的にイカせるイカセモノ、中出しモノ、それから浣腸モノが一気に増えました。浣腸なんて、それまでＳＭやスカトロなどのマニアに限定されていたのに、ちょっと信じられない。

大坪　オペラあたりが単体の子を使って浣腸をやったり、ばば・ザ・ばびぃ監督がVでハードな浣腸プレイをやったりしてましたね。

（中略）

安田　ハードとはちょっと違いますが、２００７年はニューハーフモノもかなり売れたんですよね。

藤木　ニューハーフの子のルックスのレベルが上がったでしょ。愛間みるくとか月野姫とか。

（中略）

安田　浣腸とニューハーフが一般化した年って、何かすごいですよね（笑）。混沌としてる。

藤木　２００５年にＳ１ができて、それによってセルショップに流れてきたライトユーザーが成熟したんじゃないかな。

安田　１年でＳ１から一気にニューハーフまでいっちゃった（笑）。

Ａ氏　でも成熟っていうのはありますね。最初は緊張してお店に入ってきたお客さんが、どんどんマニアックな作品を買うようになっていくんですよ。ぶっかけくらいだったのが、ある日ニューハーフを買ったりとか、どんどん興味が広がっていくんですよね。

（『ＮＡＯ　ＤＶＤ』２００９年９月号）

この頃はＡＶ業界が最も活気づいていた時期でもある。業界もユーザーも、いろいろなジャンルに興味を持てる余裕があったということだろうか。

ニューハーフから男の娘へ

しかし、２００９年に入ると、ユーザーの興味はニューハーフから男の娘へと移りつつあった。

その理由として、二村ヒトシが『ユリイカ』の「男の娘」特集号（２０１５年９月号　青土社）に書いたこの一文が参考になる。

「昔からニューハーフＡＶには興味がなかった。外科的な手術でシリコンや脂肪を入れた胸よりも、少年っぽい胸の方が、ぼくにとってはエロい。それと、ほとんどのニューハーフさんは水商売か風俗業界に属されており、つまりプロなわけで、ぼくがニューハーフさんたちの〝いかにもなプロっぽさ〟にあまり魅力を感じなかったというのもある

（逆に言えば『美しいのにプロっぽくない女装者の出現』というのが大変なことだったのだ）。また、ニューハーフさんたちには性転換・性別変更を目標にしている人も多く、手術費を得るためにやむなくAVに出る人もいた。いつの日かちんぽを切り落としたいと願っている人を、カメラの前で『ちんぽの生えた女』として扱う行為が、ぼくにはあまりエロいことに感じられなかったのだ」

AVユーザーの大半は「水っぽさ」「プロっぽさ」を嫌う。風俗出身のAV女優でもデビュー時には、その過去を隠すのはそのためだ（90年代後半のフードルブームの際は、むしろセールスポイントとなっていたこともあったが、それは例外的である）。素人に対する幻想が強いのだ。そして、当時盛り上がりつつあった「男の娘」たちは、そうした業界とは別の世界から来た子が多かった。

伊藤雅也もこう分析する。

「女装の方で可愛い子がいっぱい出てきたというのが大きかったと思いますよ。ニューハーフよりも、多少、男の子っぽいところが残っていても、素人っぽい感じの方がいいんでしょうね。じゃあ、ニューハーフ作ってた人が、男の娘のAVを撮れるかというとそうもいかない。ニューハーフの子を連れて来れるルートと違うからなんです」

ニューハーフのAVを撮るには、いかに可愛いニューハーフの子を連れて来れるかが勝負になる。まだまだモデル・プロダクションが整備されていない状況において、ニューハーフヘルスなどとのルートが命綱となる。可愛い子がいる店のオーナーと、どれだけいい関係が築けるかがニューハーフAVを制作する上で最も重要なポイントだった。

しかし、素人が多い男の娘は、全くルートが違った。フェティッシュ系のイベントやオタク系のイベントに来る素人、またゲイビデオなどに出演している場合も多いが、それもまたニューハーフとはルートが違うのだ。

10年代に入るとオペラは失速し、2013年に豊田薫が離脱。新たに「EVE」「スカ専」といった自主規制のレーベルを立ち上げるが、ニューハーフ物は撮っていない。また伊藤雅也も同時にオペラを離れ、現在はアルファーインターナショナルで熟女物などを中心に撮影している。

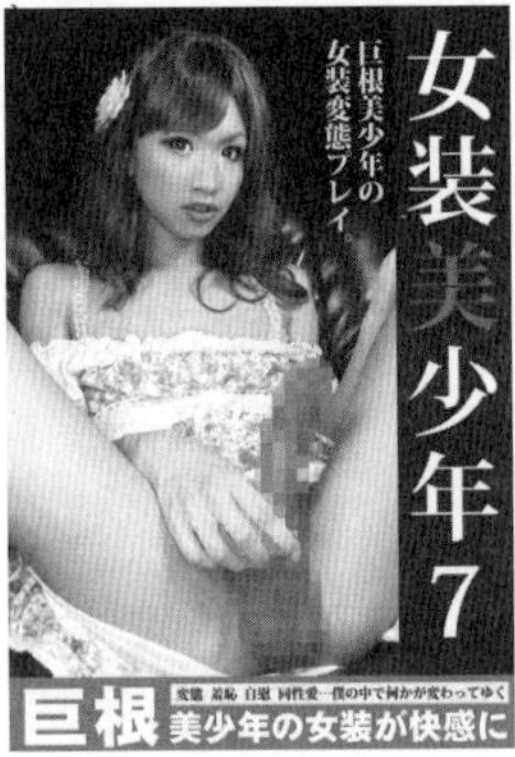

「女装美少年7」
美少年出版社　2010年

一方、二村ヒトシは２００９年に男の娘専門のＡＶメーカー「美少年出版社」を設立し、『女装美少年』シリーズは40作以上を重ねるロングシリーズとなっている。

２０１０年に創刊した男の娘専門誌『おと☆娘』が２０１３年に、『わぁい！』が２０１４年に相次いで休刊するなど、過熱する一方だった男の娘ブームも沈静化しつつあるが、むしろジャンルとして定着したともいえる。

クンニを敬遠する男たち

筆者は『週刊プレイボーイ』（集英社）２０１５年７月６日号で「ネオ男根主義者反クンニ同盟が日本のエロを変える‼」という原稿を書いた。タイトルは編集部がつけたものなので、少しニュアンスは変わっているのだが、男性も女性も「ペニス偏重主義」の傾向が強くなっているのではないか、という趣旨で書いたものだ。

そもそもは、性事情について取材をしているとよく耳にする「最近の若い男性はクンニをしない」という説を実証しようという企画だった。

当初は、思春期の頃から無修正動画や画像が手軽に見られるようになった世代は女性器に対する幻想が薄いために、女性器に興味がなく、クンニに抵抗を持つのではないかという仮説を立てて、20代と40代の男性を調査して、その差異を検証しようと考えた。

20代男性１００人、40代男性１００人に「あなたはクンニが好きですか？」という質問をした。回答は20代男性は「好き」29％、「好きではないがする」37％、「できればしたくない」30％、「嫌い」４％。40代男性は「好き」27％、「好きではないがする」52％、「できればしたくない」17％、「嫌い」４％という結果となり、「好き」と答えたのは40代よりも20代の方が多いなど、予想していたよりも差は出なかった。ただ、世代にかかわらずクンニに対してあまり積極的ではないという傾向は見て取れる。

「クンニされる側」、つまり「セックスパートナーがいる」ＯＬ１００人（20歳〜32歳。そのパートナーは20歳〜43歳）へも調査してみると、それははっきりとする。

「あなたのパートナーはあなたにクンニしますか？」の質問に「必ずする」と回答した人は８％、「たまにする」61％、「頼めばする」12％、「しない」19％という結果だった。セックスの際にクンニは必須ではないと考える男性が大半だということがわかる。

そして女性もそれには気づいている。同じ調査で「男性はクンニについてどう考えていると思うか」を聞いてみると、「男性は本当はクンニが嫌い」と考えている女性が51％もいた。「クンニされるのが好き」と答えた女性は69％もいるのだから、不幸なギャップがここにはあるようだ。

その一方で「フェラチオされるのが好き」と答えた男性は91・5％にのぼった。

若い男性への取材では、こんな声も聞こえた。

「こっちはフェラしてもらうわけだから舐めてって言われたら舐めますけどね。関係を壊したくないから。でもできれば舐めたくない」（26歳　会社員）

フェラは必須だが、クンニはしないで済むなら、なしにしたい。そんなセックス観が見えてくる。

では、「できるだけ舐めたくない」理由を聞いてみると、こんな答えが返ってきた。

「だって女性のアソコって不潔じゃないですか」

女性が聞いたら、激怒されそうな発言だと思いきや、女性側もそれに同意する人は多い。『週刊プレイボーイ』の同記事でAV女優の佐倉絆は「クンニしない男が多すぎますよね。フェラは絶対させるくせに。ずるいですよ」と怒りながらも「女の子の方も自分のアソコは綺麗じゃないって気にしてるコは多いですよ。内臓みたいで見た目もグロいと思うし、においも気になるし、舐めさせるのは申し訳ない気持ちはありますよ」と言う。

『月刊DMM』（ジーオーティー）2015年12月号で、AV女優の中森いちなは、プライベートでは愛撫されるのが苦手で、相手を攻める方がいいと発言し、その理由を「気持ちいいんですけど、恥ずかしいというか、そんな汚いところ、しなくていいよって思っちゃうんです。好きな人ほど触って欲しくない」と語る。

また女性の本音を大胆に描いて人気の峰なゆかの漫画『アラサーちゃん』（『週刊SPA！』連載　扶桑社）の2015年8月11日号掲載回ではこんな話がある。

アラサーちゃんと、ゆるふわちゃんが会話をしている。

「こっちがフェラしてんのにクンニしない男ってありえないよねー!!」

「チンコを舐めてもらったら、まんこを舐め返すなんて人として当たり前のことじゃんねー!!」

（それを聞いた大衆くんは「うっ……。耳が痛い」）

しかし、二人は内心こう考える。

「とはいえ……まぁ……普通に考えて平均数滴程度のガマン汁しか出ないチンコと結構な量の汁が出続けるまんこを舐める対象として等しく扱うのって無理があるよね……」

「汁の量と味のインパクト的にまんこを舐めるのと等価になるのってチンコを舐めること以上、ごっくん以下……。つまりおそうじフェラなのでは？」

「でも世間的にはフェラとクンニが等価ってことになってるから、そういうことにしとこっ！」

女性側も男性器に比べて女性器の方が不潔であるという意識を持っている人は、多いようなのだ。

男でも、女性器よりもペニスが好き？

しかし驚かされたのは、取材を進めているうちに「女にクンニするよりも、男にフェラする方がマシだ」という意見が出てきたことだ。最初はそれは極端な意見なのだと思っていたのだが、意外に賛同する人も多かった。

男性器の方が、女性器よりも清潔だから、舐めるのに抵抗がない。そうした理由もあるが、むしろ男性器が好きな男性が多いということもわかってきた。

AVで、ニューハーフ物でも男の娘物でも重視されたのはペニスだった。

男の娘AV女優として活躍した大島薫にもう一度登場してもらおう。

「チンコが好きな男性って多いみたいですよ。ボクらのジャンルのAVが好きな人はみんなチンコ目当てですから。見た目が女の子なのに、勃起したチンコがあるってところが『男の娘』の魅力みたいです。自分が持っているものだから、快感がわかりやすいっていうか、自己投影しやすいんじゃないですか。ミラーニューロンによるらしいんです

けど」（『週刊プレイボーイ』2015年7月6日号）

大島薫は、このミラーニューロンの話をよく引き合いに出して説明する。『ユリイカ』の「男の娘」特集のインタビューでも、ふたなりに惹かれた理由として、こう話している。

「これはのちのち知った話なんですが、ミラーニューロンという神経伝達システムがあって、猿に棒を摑んだり離したりする動きを見せたときと見せていないときにどういう脳の働きをするのか実験がなされていて、その動きを見せると猿は自分は触っていないのにまるで触っているかのような脳の動きをするそうなんです。これと同じことがふたなりものに起きているんじゃないかという考え方が一部にあって、つまり女性器だと女性の感覚は共有できないから理解が及ばないけれども、自分の持っている男性器を備えた女性が同じ動きをしていたらその快感が伝わってくるように思える」

女性がクンニされたり挿入されたりしてどう感じるかは、男性にはわかりづらいが、ペニスを愛撫されての快感はわかりやすいということだ。

AVでも、フェラ高クンニ低の傾向は見られる。現在の単体AVは4〜5コーナーで構成されているのが基本だが、そのうち1〜2コーナーはフェラのみの内容となっている。カラミのあるコーナーでも、フェラは必ずあるが、クンニはフェラに比べて短めで、省略されることも珍しくない。

大島薫の出演作『ボクは男の子ですけど、こんなカラダでも興奮してもらえますか？』（ハマジム　2014年）を監督した梁井一はその理由についてこう説明する。

「クンニよりもフェラの方が画として撮りやすいからという理由もあります。でも、やっぱりフェラの方が興奮を伝えやすいということが大きいですね。モザイク越しでも、チンコが勃起しているというのはわかるけれど、まんこが濡れているというのは伝えづらい」

梁井はこの作品で、執拗にカメラで大島薫のペニスを追いかけている。嬉しそうにペニスをくわえたりもしている。

「自分はゲイとかバイではないと思うんですけど、昔からチンコが気になっていたんですよ。地元の古本屋でゲイ雑誌買って、コソコソと見たりしてました。ただ、別に男とやりたいというのではなく、チンコだけが気になったんです」

梁井はニューハーフにも強い興味を持っているが、やはり重要なのはペニスだと言う。

「いくら綺麗なニューハーフでも、チンコがないと絶対にダメですね。ナシナシ（睾丸とペニスを手術で除去した状態）は興味ないです。遡ると、やっぱり自分のチンコなんですよ。鏡を見ながらオナニーしたりして、自分のチンコがエロいと思ったところから始まってる気がします。たぶん、ニューハーフのチンコに自分のチンコを投影してるんですね。でも、ニューハーフの人は本当は自分のチンコは好きじゃないでしょう？　心は女だから。そういう意味で男の娘はちょうどいいですよね。チンコの快感を否定しないから」

自分のペニスを投影しているという点は、大島薫のミラーニューロン理論と同じだ。特にオナニーの触媒となるための存在であるAVでは、それはより重要となる。AVの中で愛撫されるペニスと、画面を見ながら握りしめている自分のペニスをシンクロさせることができるからだ。

男性が女性に責められる痴女物などでは、手でペニスをしごかれる「手コキ」の人気が高いが、これも画面を見ながらしごいている自分のペニスと快感をシンクロさせられることが大きな魅力だ。

　そのため、痴女物では一人称撮影で男優のパーソナリティを極力消すことが多い。他人である男優が感じている姿を見ても、シンクロしにくくなるからだ。ユーザーは男性が感じている姿を見たいわけではないのだ。

　しかし女性の感じている姿なら興奮に直結するので見たい。ならば、女性の姿にペニスが生えているというニューハーフや男の娘の方がいいということになる。

　90年代後半からAVではすっかり定番となった「潮吹き」だが、男性はそれを射精のメタファーとして受け取っている。実際には女性はエクスタシーと共に潮を吹くわけではないのだが、ビジュアルとしてはそう見える説得力がある。男性にとっては未知の感覚である女性のエクスタシーよりも、液体を噴出するという「区切り」の付け方はわかりやすい。

　そのわかりやすさを推し進めた先に、女性のルックスにペニスを生やした存在があるわけだ。潮吹きよりも、もっと感覚を共有できる本当の射精を見せることができるからだ。

　AVが、アダルトメディアが、男性がオナニーするための「ツール」であるという考えからすれば、ペニスを生やした女性こそが、その究極の形であり、幻想の行き着く先なのかもしれない。

おわりに

男たちの見果てぬ夢

本書は『エロの敵　今、アダルトメディアに起こりつつあること』（雨宮まみとの共著　翔泳社）から10年ぶりになる書き下ろしだ。AVを中心としたアダルトメディアの中で、性的対象としての女性は、どのように描かれ、どのように変化してきたのか、その歴史を追ってみた。

昔から歴史が好きだった。と、いっても、日本史や世界史が好きというわけではなく、特定のジャンルの歴史を調べるのが好きなのだ。活動歴が長いバンドの歴史を調べて、その状況の変化が作品にどう影響したかを検証するのは、特に好きではないバンドであっても楽しかったりする。コンピューターゲームや家電製品、食品などの歴史も興味深く、どんどん調べたくなってしまう。

その欲求は当然、自分が深く関わってきたアダルトメディアに対しても向けられる。個々の作品や制作者、女優よりも、長いスパンで見た時にそれらがどのように変化してきたかを調査し、考察することの方に興味を惹かれるのだ。

『エロの敵』では、エロ本、AV、そしてデジタル・メディアのそれぞれの歴史を追ってみたが、本書では「美少女」「熟女・人妻」「素人」「痴女」「ニューハーフ・男の娘（女装）」という5つの属性ごとの歴史を検証してみた。

AVだけではなく、エロ本やエロ漫画、ネットや風俗などアダルトメディア全般に渡って言及しているのは、こうした書籍においては珍しく、そして意味があることではないかと自負している。

AVやエロ雑誌など、それぞれの歴史を追った書籍は既にいくつも書かれているが、実際にはアダルトメディアは各ジャンルが相互に影響し、複雑にからみあって発展して来ている。どれかひとつだけを取り上げても、その全貌は見えてこないのだ。

アダルトメディアの資料に関しては国会図書館などにも全てが揃っていないこともあり、当時の状況を検証するのは、なかなか困難なのだが、趣味の古書店めぐりによって収集してきたエロ雑誌アーカイブがずいぶん役に立った。

古書店自体が日本全国から姿を消しつつあり、その中でも古いエロ本を扱っている店となるとさらに少なく、絶滅の危機に瀕していると言ってもいい。より活発に古書店を回ってエロ本の保護に務めなければならないな、との思いを強くした。

2007年から2012年にかけて、三和出版の『NAO DVD』というAV雑誌で、毎月「熟女」「ギャル」などと、ひとつのテーマを掘り下げて研究するという連載をしていたのだが、その時の取材が本書の大きなベースとなっている。『NAO DVD』からの引用が多いのは、そうした理由である。

またAVに関しては、DMM－R18をはじめとする動画配信サービスで、過去の作品を見直すことができたのが大変役に立った。

AVはその性質上、メーカーもあまりアーカイブに力を入れていないために、これまで名作と呼ばれる作品でもなかなか入手することが困難だったのだ。本書で触れた作品の大半は、動画配信サービスで見ることができるので、興味があるものは、ぜひ自分の目で確かめて欲しい。

本書は19歳でアダルトメディアについて書きはじめてから現在まで29年に渡る筆者のキャリアを総括するつもりで書き上げた。

筆者は編集プロダクションを転々としたのち1994年、27歳の時にフリーライターとして独立を果たしたのだが、その時に自分のメインテーマにしようと選んだのが「エロ」だった。それまでは音楽であったり、ゲームであったりと様々なジャンルについても書いていたのだが、自分が一番何が好きなのかを考えた時にエロだという答えに行き着いた。エロについて書くことが一番楽しい。それは今でも変わらない。できればエロに関すること以外はあまり書きたくないとまで思っている。

本書でも繰り返し述べたが、アダルトメディアはその時々の男性の性に対する欲望を正直に反映する。

本気でエロに対峙する時、男性は自意識も裸になり、素直になれる。そこが筆者がエロに惹かれる一番の理由だ。

だから、エロに余計な意味を持たせたり、エロの力を借りて何か別の意図を表現しようという姿勢は好きではない。そんなものは、ただの芸術に過ぎない。エロはもっとどうしようもなく切実に必要なものなのだ。

アダルトメディアで描かれてきた女性像は、男たちの見果てぬ夢の象徴である。

本書は、筆者からの彼女たちへのラブレターでもある。

最後に、本書を書き上げる上で、多くの関係者にご協力をいただいたことに感謝したい。中でも僕が最も敬愛するライターの大先輩である藤木ＴＤＣ氏には、大変な協力をいただいた。そして遅々として原稿の進まない筆者を励まして下さった太田出版の穂原氏に最大級の感謝を。

高田馬場・ステレオタイプにて

安田理央

文庫のためのあとがき

本書は2016年4月に太田出版から発売された『痴女の誕生　アダルトメディアは女性をどう描いてきたのか』を文庫化したものだ。文庫化にあたって、本文の一部を加筆・修正しているが、2016年以降にアダルトメディア業界に起こった事例については触れていない。ここで少し追記しておこう。

2016年にはAV業界を揺るがす事件があったのだ。「AV女優出演強要問題」と呼ばれるこの動きの発端は2016年3月に　ヒューマンライツ・ナウという国際人権NGO団体が「日本：強要されるアダルトビデオ撮影　ポルノ・アダルトビデオ産業が生み出す、女性・少女に対する人権侵害」という報告書を公表したことだった。

モデルプロダクションやAVメーカーが女性を無理やりAVに出演させているという「現状」が社会問題化した。

その後、大手モデルプロダクションが労働者派遣法違反容疑で逮捕されたり、神奈川のキャンプ場でのAV撮影が公然わいせつほう助に当たるとして制作会社社長や出演女優など52人が書類送検されるなど、ＡＶ関係者の摘発が相次いだ。

ＡＶ業界はその対応として、ＡＶ出演者による表現者ネットワーク（ＡＶＡＮ）や、業界の第三者機関である業界改革推進有識者委員会などを発足させた。

業界改革推進有識者委員会は、ＡＶ人権倫理機構と改称し、出演者の求人、契約、撮影、販売などに「人権に配慮した」ルールを制定。このルールに従って制作されたＡＶを「適正ＡＶ」と呼んでいる。

出演料の金額が透明化されたり、性病検査の徹底化（撮影前に女優と男優が性病検査表を見せ合ったりする）がされたりといった新ルールに加えて、出演者への撮影内容説明の徹底も行われている。

撮影内容をこと細かに記した台本を撮影の48時間前までに女優に確認することが必要とされているのだ。そこには男優の名前やプレイ内容、セックスの回数はもちろん、体位まで書かれているのだと言う。

つまりドッキリなどのハプニング物は事実上不可能なのだ。また素人が出演する作品も現実的には難しい。

こうした制約からＡＶのトレンドはドキュメント物からドラマ物へシフトした。「人権配慮」の観点からも00年代半ばのような過激なプレイ物（ぶっかけや乱交などプレイ内容が中心となる作品）が作りづらくなったからという理由もある。

90年代までのレンタル系（ビデ倫審査）ＡＶはドラマ物が中心であったのが、セル系（インディーズ）が台頭してくると、ドラマ物は駆逐され、企画物やプレイ物が主流となっていった。ドラマ物は熟女・人妻系か、ヒロインが敵に捕まって凌辱される潜入捜査官物のみが残っているという状態だった。

しかし「適正ＡＶ」時代には、再びドラマ物が主流となりつつある。これは10年前には考えられないことだった。

女性を凌辱する作品が作りにくくなったことから（最大手通販・配信サイトであるＦＡＮＺＡでは近年、「痴●」「凌●」「犯●」といった単語が黒丸で伏せ字にされている）、痴女物の割合も高まっている。ただし本文で触れたように「痴女」とはストレートに表現せずに、風俗物やサキュバス（淫魔）物などのスタイルを取ることが多いのだが。

痴女系の人気の強さを実感するのが、出演強要問題が起きた２０１６年頃からリリースが本格化したアダルトＶＲだ。

アダルトＶＲは、専用のヘッドセットを装着することによって画角が１８０度以上の一人称映像を見ることが出来るアダルトコンテンツだ。まるで女優が目の前にいて、実際にセックスをしているかにような気分を味わえるのが特徴だ。ただし、こちらが映像に働きかけることは出来ずに見るだけなので、厳密な意味でのVR映像ではない。

アダルトVRはその性質上、自分は動かずに相手が動くという映像に向いている。それはすなわち痴女プレイ向きということだ。また正常位よりも騎乗位がVRには適している。

実際、毎月300タイトルほどリリースされているアダルトVR作品のうち、その大半が痴女的なニュアンスで女優が愛撫してくるというものである。

現在、アダルトVRの人気は高く、AVメーカーの売上のかなりの割合を占めている。小規模のメーカーなどは、VR作品の売上が完全に逆転しているというケースも多いようだ。

このVR人気の理由のひとつとして、痴女的な作品を好むユーザーが多いことが挙げられるのではないだろうか。

またアダルトVR作品では痴女物の他に「ラブラブ物」あるいは「甘々物」とでも言うべき人気ジャンルがある。女優が恋人のように甘えてくるという作品だ。ユーザーはAV女優に熱烈に愛されている恋人気分を味わうことが出来るのだ。

こうしたアダルトVR作品を見ていて感じるのは、これは映像作品というよりも、むしろ風俗体験に近いのではないかと言うことだ。

至れり尽くせりのサービスで客＝ユーザーの身も心も満足させてくれる高級風俗店のプレイのようなのだ。

いかに客＝ユーザーを気持ちよくさせるか、その一点に向けて作られた作品が多くなっている。これはＶＲ作品に顕著だが、通常のＡＶにもこうした傾向は見られる。「性」という題材を中心に、様々な表現の可能性を模索した90年代のＡＶとは、全く逆のベクトルへの進化である。しかし、これもまたアダルトメディアというメディアのあり方としては正しいだろう。

ドキュメント性が後退したことによって、ＡＶやアダルトＶＲで描かれる「女性」は、より男性の理想を実体化させたものへとなっている。男性が欲する理想像も細分化されているため、作品中で求められるＡＶ女優のキャラクターも、また幅広いものとなっている。決して画一化されたものになっているわけではない。

ただし、それはやはり男性にとって極めて「都合のいい存在」ではある。

ところが、面白いのがＡＶ作品外でのＡＶ女優のキャラクター表現は、かなり自由なものになっているのだ。

それはＳＮＳを通じたものであったり、メディアでのインタビューであったり、イベントでのファンとのふれあいであったりといった場に登場した時のＡＶ女優のキャラクターだ。もはやオタクは当たり前、マニアックな映画が好きであったり、酒好きであったり、怠惰であったり、メンヘラを自称する女優も珍しくない。かつてならばむしろマイナスに取られるであろうキャラクターも積極的にアピールされている。

もちろん、それ自体が彼女たちの本当の素の姿であるかどうかは不明ではあるのだが。

ＡＶ女優自身のキャラクターと、ＡＶ作中で描かれるキャラクターの乖離は進んでおり、そのためＳＮＳのフォロワーが多く、イベントなどでの集客力は高いのに、ＡＶ自体はあまり売れないという女優も珍しくなくなっている。本人だけのファンと出演作だけのファンがいるということだ。

こうした傾向は今後、さらに進んでいくのかもしれない。そうなると「ＡＶ女優」という肩書の意味も複雑化していくだろう。

実際、もうＡＶを撮影していないのに、ＡＶ女優としての引退は表明せずにＡＶ女優としての肩書は使うという例もある。また他のジャンルで活動しながらも、ＡＶ女優時代の芸名を引き続き使うことも珍しくない。

「ＡＶ女優」という立場は、隠すべきものという概念も変わってきているのだ。

ＡＶ人権倫理機構の審査団体に加盟していないメーカーの作るＡＶは「非適正ＡＶ」ということになる。「非適正ＡＶ」メーカーには、モデルプロダクションも女優を出演させないし、流通も限定される。

一時期、大物女優の出演が相次ぎ業界を驚かせた「カリビアンコム」などの無修正動画が急に無名女優の出演作ばかりになってしまったのは、こうした理由だった。

それでも、ネットなどを中心としたマニア向け作品や素人作品などは、今なお活発に制作され、販売されている。

この構図は90年代後半から00年代前半にかけてのレンタル（ビデ倫）メーカーとセル（インディーズ）メーカーの対立を思い起こさせる。ドラマ中心のレンタルと、企画中心のセルという構図もそのままだ。そして「適正ＡＶ」は、以前に比べてかなりモザイク修正が濃くなってきている。

レンタルとセルの対立は00年代後半にセル陣営の勝利で終わり、業界の勢力地図は大きく書き換わった。

もしかしたら「適正ＡＶ」と「非適正ＡＶ」も同じような結末を迎えるという可能性もあるのだ。

あるいは、また別の要因でＡＶ業界が様変わりするということもありうる。アダルトメディアの世界は、常に変化を続けているからだ。

ＡＶ以外のアダルトメディアの２０１６年以降の変化にも触れておこう。なんといっても大きいのがエロ本、アダルト系雑誌の終焉だ。

00年代に入って、インターネットの影響を受け、アダルト系雑誌は売上が激減。休刊が相次いでいたが、２０１９年に大手コンビニエンスストアがアダルト系雑誌の取り扱いを中止した。売上の大部分をコンビニに依存していたアダルト系雑誌にとって、これは大きすぎる痛手であった。現在は書店やアダルトショップなどで細々と販売されているが、そのほとんどが付録のＤＶＤがむしろメインとなっている単発のムックであり、かつてのような月刊誌は壊滅状態となっている。

全盛期には数十誌が競い合ったＡＶ情報誌も、現在は2誌を残すのみとなっている。アダルト系雑誌をメインに執筆してきた筆者のような人間にとっては、なんとも寂しい状況である。

ＡＶもＤＶＤからネット配信が中心へと移り変わり、エロはネットで、というのが当たり前になった。誰もが手のひらのスマートフォンで気軽にエロにアクセスできる。

そんな時代において、アダルトメディアの存在とはどんな意味を持っているのだろうと、考えずにはいられない。

筆者は1997年の『裏デジタルカメラの本』(秀和システム)を皮切りに数多くの著書を書いてきたが、実は文庫化されるのは本書が初めてだ。なんだか一人前の物書きと認められた気がして、誇らしい気持ちになっている。

東中野のバー・バレンタインで、「『痴女の誕生』を文庫に」と声をかけてくれた鉄人社の平林和史氏に感謝いたします。

2021年　新型コロナによる緊急事態宣言下の高田馬場にて

安田理央

日本アダルトメディア年表

1950〜2020

当年表は、本、雑誌、AV、ネットなどのアダルトメディアや、それに関係する一般メディアや流行、事件などから重要と思われる事柄を年代順にまとめたものである。特に「痴女の誕生」本編に関する事柄に比重をおいている。

1950年

⇩1947年にカストリ雑誌として創刊した「奇譚クラブ」（曙書房、他）がSM色を強めていく。

1951年

⇩ブルーフィルムの名作「風立ちぬ」が制作される。

1955年

⇩映倫が成人向け映画の指定を開始。「若夫婦なやまし日記」（東宝）など19本が成人指定を受ける。

1956年

⇩「100万人のよる」（季節風書店）創刊。

⇩売春防止法制定

1958年

⇩売春防止法により赤線廃止。

1960年

⇩謝国権の「性生活の知恵」（池田書店）がベストセラーに。

⇩日本初のお色気番組「ピンク・ムード・ショウ」（フジテレビ系）放送開始。

1962年

⇩団鬼六「花と蛇」を「奇譚クラブ」に連載開始。

⇩ピンク映画第一号と言われる「肉体の市場」公開。

1964年

⇩「平凡パンチ」（平凡出版　現マガジンハウス）創刊。

⇩東京都青少年保護育成条例が施行され、不健全図書の指定がはじまる。

1965年

⇩初のピンク映画専門誌「成人映画」（現代工房）創刊。

⇩「11PM」（日本テレビ系）放送開始。

1966年

⇩「週刊プレイボーイ」（集英社）創刊。

1967年

⇩ツィッギー来日。ミニスカブーム。

1968年

⇩「ポケットパンチOh！」（平凡出版）創刊。
⇩「ハレンチ学園」（永井豪）少年ジャンプで連載開始。

1969年
⇩「プレイガール」（東京12チャンネル）放送開始。
⇩「コント55号の裏番組をぶっとばせ！」（日本テレビ系）で野球拳放送。
1970年

⇩「SMセレクト」（東京三世社）創刊。のちに15万部まで部数を伸ばす。SM雑誌ブームに。
⇩「金曜スペシャル」（東京12チャンネル）放送開始。

1971年

⇩ビニール本の元祖と言われる「下着と少女」（松尾書房）発売。
⇩奈良林祥「HOW TO SEX」（KKベストセラーズ）がベストセラーに。
⇩ゲイ雑誌「薔薇族」（第二書房）創刊。
⇩女性誌「微笑」（祥伝社）創刊。セックス記事満載。（→P.232）
⇩日活ロマンポルノ第一弾「団地妻 昼下りの情事」「色暦大奥秘話」公開。（→P.90）
⇩「23時ショー」（NET）放送開始。

1972年

⇩日本ビデオ倫理協会（当初は成人ビデオ自主規制倫理懇談会）発足。（→P.30）

1973年

⇩「エロトピア」（KKベストセラーズ）創刊。

⇩麻田奈美「平凡パンチ」でヌードデビュー。

1974年

⇩五月みどり、34歳でヌードグラビア発表。（→P.91）

⇩「GORO」（小学館）創刊。

⇩映画「エマニエル夫人」が大ヒット。

⇩セブンイレブン一号店が江東区に開店。

1975年

⇩「日本版プレイボーイ」（集英社）創刊。

⇩篠山紀信「GORO」（小学館）で「激写」連載開始。（→P.131）

⇩五月みどり主演のポルノ映画「五月みどりのかまきり夫人の告白」（東映）公開。（→P.91）

⇩「独占！　男の時間」（東京12チャンネル）放送開始。

1976年

⇩本番映画「愛のコリーダ」（監督：大島渚）公開。（→P.43）
⇩自販機本ブーム。
⇩ノーパン喫茶第一号が京都に誕生。

1977年

⇩巨乳雑誌「バチェラー」（ダイアプレス）創刊。ただし3号までは芸能誌だった。

⇩「ウィークエンドスーパー」（セルフ出版）創刊。

⇩ダッチワイフ（ラブドール）メーカー、オリエント工業設立。

1978年

⇩三流エロ劇画ブーム。「11ＰＭ」などでも取り上げられる。

1979年

⇩ロリータヌード写真集「リトルプリテンダーズ」（ミリオン出版）発売。大ヒットし、ロリータブームに。

⇩にっかつロマンポルノの短縮版ビデオが個人向けに発売される。

⇩篠山紀信撮影の「激写　135人の女ともだち」（小学館）発売。（→P.131）

⇩裏ビデオ第一号「星と虹の詩」流通。

⇩自販機本「ＪＡＭ」（エルシー出版）創刊。

⇩アイドルの松本ちえこ「月刊プレイボーイ」でヌードに。
⇩日本初の商業女装クラブ「エリザベス会館」が神田にオープン。（→P.246）

1980年

⇩ビニール本「慢熟」（恵友書房）発売。ビニ本ブーム。（→P.33）
⇩芳賀書店摘発。
⇩ソープランド専門誌「ミューザー」（おおとり新社）創刊。
⇩女装専門誌「くい～ん」（アント商事）創刊。（→P.246）
⇩畑中葉子、「愛の白昼夢」でにっかつロマンポルノにデビュー。
⇩ノーパン喫茶ブーム。全国に続々オープン。
⇩「トゥナイト」（テレビ朝日系）放送開始。

1981年

⇩「性生活報告」（サン出版）創刊。
⇩初のビデオ撮り下ろし作品が発売される。「ビニ本の女／秘奥覗き」「OLワレメ白書／熟した秘園」（日本ビデオ映像）（→P.30）
⇩宇宙企画が「女子大寮ルポ・風呂場レズ」でAV参入。（→P.31）
⇩馬場憲治「アクション・カメラ術」（KKベストセラーズ）がベストセラーに。投稿写真誌「セクシーアクション」（サン出版）も創刊され、パンチラ写真の隠し撮りがブームに。（→P.134）

⇩「写真時代」(白夜書房)創刊。
⇩裏本「ぼたん」「金閣寺」「法隆寺」発売。裏本ブームに。
⇩本番映画「白日夢」(主演：愛染恭子)公開。(→P.31)
⇩「ニューハーフ」という名称が生まれる(1981年説もあり)。(→P.247)
⇩ニューハーフタレント、松原留美子デビュー。角川映画「蔵の中」にヒロインとして出演。(→P.248)
⇩「ストップ!! ひばりくん!」(江口寿史)連載開始。(→P.249)

1982年

⇩ロリコン漫画誌「レモンピープル」(あまとりあ社)創刊。
⇩「隣りのお姉さん100人」(二見書房)発売。(→P.132)
⇩代々木忠監督「ドキュメント・ザ・オナニー」(日本ビデオ映像)大ヒット。(→P.44)
⇩裏ビデオの話題作「洗濯屋ケンちゃん」が出回り始める。
⇩VIPエンタープライズ(VIP)、サム(芳友舎、h.m.p)、日本ビデオ出版(トロイ)、アートビデオなどが次々と参入。
⇩初のAV専門誌「ビデオプレス」(大亜出版)創刊。(→P.30)
⇩「オレンジ通信」(東京三世社)創刊。のちにAV専門誌となるが、初期は普通のエロ本だった。
⇩「スコラ」(スコラ)創刊。翌年からセックスマニュアル記事を連発。
⇩「アクションカメラ」(ワニマガジン)創刊。
⇩「Hey! Buddy」(白夜書房)がロリコン専門誌に(創刊は80年)。

⇩「Billy」（白夜書房）が変態雑誌に（創刊時はサブカルチャー誌）。

⇩初の美少女ゲーム「Lolita 野球拳」（PSK）発売。

1983年

⇩ビデ倫の年間審査本数1000本突破。

⇩「隣りのお姉さん」（ポニー）で八神康子がデビュー。第一回ビデオクイーンコンテストで一位を獲得。（→P.132）

⇩「少女M」（日本ビデオ映像）が発売。ロリータブームを巻き起こす。

⇩日本初のニューハーフAV「華麗なるゲイの世界を彩るドラマ　リラ」（映研）発売。

⇩アテナ映像、九鬼（KUKI）などが参入。

⇩元祖インディーズビデオ、ブラックパックが登場。

⇩「日本版ペントハウス」（講談社）創刊。「名器の構造」などの袋とじ企画が話題に。8月号では榎本三恵子のスクープヌードも。

⇩「ビデオ・ザ・ワールド」（白夜書房）創刊。（→P.37）

⇩清岡純子撮影のロリータ写真集「私は『まゆ』13歳」（フジアート出版）がヒット。

⇩ビニール本が過激化したベール本が登場。

⇩「特選小説」（綜合図書）創刊。（→P.118）

⇩愛人バンク「夕暮れ族」摘発。

⇩素人女子大生を売りにしたキャバクラ第一号「ブスっ子くらぶ」が六本木にオープン。

⇩「オールナイトフジ」（フジテレビ系）放送開始。女子大生ブームへ。（→P.43）

1984年

⇩「ミス本番・裕美子19歳」（宇宙企画）発売。美少女本番ブームに。（→P.28）

⇩「私を女優にして下さい」（宇宙企画）で竹下ゆかりがデビュー。

⇩裏本で絶大な人気を得ていた渡瀬ミクが「TWILIGHT GAMES」（宇宙企画）でAVデビュー。

⇩アダルトアニメ「くりぃむレモン」シリーズ（フェアリーダスト）がスタート。大ヒット。

⇩クリスタル映像参入。村西とおる監督デビュー。

⇩「アップル通信」（三和出版）創刊。

⇩「ビデパル」（フロム出版）創刊。

⇩「ザ・ベストマガジン」（KKベストセラーズ）創刊。最盛期は100万部を突破した。

⇩「Beppin」（英知出版）創刊。

⇩「投稿写真」（考友社）創刊。

⇩「スーパー写真塾」（白夜書房）創刊。

⇩「ギャルズライフ」（主婦の友社）など少女雑誌の過激なセックス記事が国会で取り上げられる。（→P.233）

⇩トルコ風呂がソープランドと名称変更。

⇩「TV海賊チャンネル」（日本テレビ系）「ミッドナイトin六本木」「グッドモーニング」（テレビ朝日系）放送開始。

1985年

⇩日本ビデオ映像が倒産。

⇩豊田薫監督が「少女うさぎ 腰ひねり絶頂」(KUKI)でデビュー。8月には話題作「マクロボディ 奥までのぞいて」を発売。(→P.269)

⇩「デラべっぴん」(英知出版)創刊。

⇩新風俗営業法施行。

⇩高田馬場ヘルス「サテンドール」に早川愛美入店。風俗アイドルとしてTVにまで登場。のちにAVデビュー。(→P.52)

⇩フランス書院文庫創刊。(→P.117)

⇩「熱烈投稿」(少年出版社)で「月刊ブルセラ新聞」連載開始。(→P.62)

⇩東京都内に初のブルセラショップが登場。

⇩**オレンジ通信 読者が選ぶモデルベスト1位:竹下ゆかり**

1986年

⇩黒木香が「SMぽいの好き」(クリスタル映像)でAVデビュー。大きな話題を呼ぶ。(→P.161)

⇩村西とおる、ハワイで逮捕。

⇩小林ひとみAVデビュー(デビュー作は松本かおり名義)。(→P.164)

⇩秋元ともみ、「卒業します」(宇宙企画)でAVデビュー。(→P.50)

⇩シーメールAV「シーメール ちえみ」(映研)発売。(→P.252)

⇩V&RプランニングAV参入。

⇩山口美和、杉原光輪子、森田水絵の三人が初のAVアイドルユニット美光水（レイクス）としてレコードデビュー。（→P.49）

⇩レンタルビデオ店が1万店を突破。

⇩「すっぴん」（英知出版）創刊。

⇩「URECCO」（ミリオン出版）創刊。

⇩「マニア倶楽部」（三和出版）創刊。

⇩風俗情報誌「ナイトマガジン」（後の「ナイタイマガジン」ナイトタイムス社）、「シティプレス」（東京三世社）創刊。

⇩にっかつがポルノ女優によるアイドルユニット「ロマン子クラブ」を結成。

⇩「ヤングレディ」（講談社）誌のセックス記事をまとめた「LOVEブック」発売。（→P.233）

⇩芳賀書店の店頭からビニ本が消える。

⇩商用パソコン通信「PC-VAN」サービス開始。開設。

⇩NTTの伝言ダイヤルが出会い系メディアとして話題に。

⇩レンズ付フィルム「写ルンです」発売。（→P.144）

⇩**オレンジ通信　読者が選ぶモデルベスト1位：秋元ともみ**

1987年

⇩代々木忠監督が『いんらんパフォーマンス』（アテナ映像）シリーズをスタートさせる。（→P.166）

⇩かわいさとみのデビュー作「ぼくの太陽」（宇宙企画）がオリコンのビデオチャートのベスト10入り。（→P.53）
⇩AV最長シリーズとなる「ザ・ナンパスペシャル」（アリーナ 現アリーナ・エンターテインメント）がスタート。（→P.135）
⇩黒木香「小娘日和」、小林ひとみ「ピンクのカーテン」などAVアイドルのレコードデビュー相次ぐ。
⇩ゴールドマン監督デビュー。（→P.185）
⇩大陸書房が書店ルートで廉価版AV「ピラミッドビデオ」シリーズを発売。
⇩「ベストビデオ」（三和出版）創刊
⇩初の素人投稿誌「投稿ニャンニャン写真」（サン出版）創刊。（→P.143）
⇩商用パソコン通信「ニフティ・サーブ」サービス開始。
⇩**オレンジ通信 読者が選ぶモデルベスト1位：立原友香**

1988年

⇩沖田ゆかりデビュー。潮吹きが話題に。（→P.167）
⇩豊丸が「吸淫力」（芳友舎）でデビュー。淫乱ブームを牽引する。（→P.166）
⇩元アイドルの葉山レイコが「処女宮」（ミスクリスティーヌ）でデビュー。
⇩秋元ともみらが所属する事務所「トゥーリード」など3社が労働者派遣法違反で摘発。
⇩村西とおる監督がダイヤモンド映像を設立。
⇩ほぼ全編をハメ撮りで撮影した伊勢鱗太郎監督の「勝手にしやがれ」（KUKI）が発売。
⇩「奥さん、いいじゃないですかへるもんじゃないし」（V&Rプランニング）発売。（→P.94）

⇩カンパニー松尾監督「危ない放課後2」（V&Rプランニング）でデビュー。（→P.138）
⇩加藤鷹、男優デビュー。
⇩「写真時代」摘発により休刊。
⇩にっかつロマンポルノ終了。（→P.48）
⇩まいなぁぼぉい「景子先生の課外授業」（フランス書院文庫）発売。女体化させられた美少年、春川かおるが登場。
⇩日本初のゲイのためのBBS「ゲイネットジャパン」開設。
⇩「笑っていいとも！」（フジテレビ系）内で「Mr レディー Mr タモキンの輪！」開始。（→P.259）
⇩**オレンジ通信　読者が選ぶモデルベスト1位：斉藤唯**

1989年

⇩松坂季実子が「でっか〜いの、めっけ！」（ダイヤモンド映像）でデビュー。巨乳ブームへ。
⇩実相寺昭雄監督が1500万円の制作費をかけた大作「アリエッタ」（KUKI）を発売。
⇩ゴールドマン監督「なま」（アートビデオ）発売。8ミリビデオによる主観撮り映像で業界に衝撃を与える。（→P.185）
⇩インクスティック芝浦ファクトリーにて「宇宙少女レビュー」開催。
⇩裏ビデオが流出物中心に。
⇩「anan」（マガジンハウス）が「セックスできれいになる」で初のセックス特集。（→P.234）
⇩「平凡パンチ」休刊（休刊時の誌名は「NEWパンチザウルス」）。

⇩「アップル写真館」（三和出版）創刊。（→P.143）

⇩シーメール専門漫画単行本「シーメールコレクション Vol.1」（白夜書房）発売。（→P.256）

⇩日本最大級（当時）の風俗情報BBS「HEAVEN」開設。

⇩ダイヤルQ2スタート。

⇩東京・埼玉連続幼女誘拐殺人事件。

⇩**オレンジ通信　AVアイドル賞：樹まり子**

1990年

⇩代々木忠監督「チャネリングFUCK 悪霊と精霊たち」（アテナ映像）が話題に。

⇩初の女性向けAV「シンデレラになりたくて…」（JVD）発売。（→P.231）

⇩バクシーシ山下監督「女犯」（V&Rプランニング）でデビュー。

⇩熟女AV「ババァ～！ こんな私でもAV出れますか？」「おふくろさんよ！」（ビッグモーカル）発売。（→P.94）

⇩ラッシャーみよしのインディーズレーベル、ハウスギルドがスタート。

⇩後にCAの母体となる北都が加賀市で設立。

⇩ブルセラショップで女子高生が出演するオリジナルビデオが売られ始める。

⇩チョコボール向井、男優デビュー。

⇩アダルト衛星放送「レインボーチャンネル」放送開始。ホテルなどの業務向け。

⇩有害コミック規制騒動。

⇩「11PM」放送終了。
⇩**オレンジ通信　AVアイドル賞：桜樹ルイ**

1991年

⇩レンタル店が1万6千店から1万店以下に。
⇩ダイヤモンド映像が事実上の倒産。
⇩「性感Xテクニック」（アテナ映像）で乱コーポレーションのSEXYエステティシャン南智子がそのテクニックを披露し話題に。（→P.171）
⇩カンパニー松尾監督「私を女優にして下さい」（V&Rプランニング）シリーズがスタート。（→P.139）
⇩篠山紀信写真集「water fruit／樋口可南子」（朝日出版社）発売。さらに篠山紀信写真集「Santa Fe／宮沢りえ」（朝日出版社）の発売により事実上のヘア解禁。（→P.74）
⇩「パソコンパラダイス」（メディアックス）創刊。初のアダルトゲーム専門誌。
⇩「ニャン^{2}倶楽部」（白夜書房）創刊。（→P.143）
⇩五味彬撮影の写真集「YELLOWS」が発売中止に。翌年CD−ROMとして発売。
⇩性感マッサージ店「乱コーポレーション」が池袋にオープン。（→P.177）
⇩レディースコミックブームがピークに。毎月約80誌が発行される。
⇩「ギルガメッシュないと」（テレビ東京系）放送開始。（→P.59）
⇩「オールナイトフジ」終了。
⇩ジュリアナ東京オープン。

⇩オレンジ通信　AVアイドル賞：朝岡実嶺

1992年

⇩飯島愛AVデビュー。（→P.59）

⇩バクシーシ山下監督「ボディコン労働者階級」（V&Rプランニング）が話題に。

⇩予算削減の影響か企画モノが急増。

⇩アロマ企画リリース開始。

⇩松下一夫監督の「美少女スパイくすぐり拷問」シリーズ、佐藤義明監督の「SMマニア撮り」シリーズなど、自主制作の通販ビデオが人気を集める。

⇩流出裏ビデオが急増し、撮り下ろし裏ビデオがほぼ消滅。

⇩「Cream」（ミリオン出版　現ワイレア出版）創刊。

⇩ニューハーフ専門「シーメール白書」（光彩書房）創刊。（→P.259）

⇩サブカルチャー～ロック雑誌だった「宝島」（JICC出版　現・宝島社）が突如ヘアヌードをメインにした路線変更を。コンビニ売り雑誌では初のヘアヌード掲載。

⇩「レッグビジュアリズム」（心交社）。日本初の脚だけの写真集。編集はラッシャーみよし。

⇩「anan」（マガジンハウス）が特集「きれいな裸」で篠山紀信撮影の読者ヌードのグラビアを掲載。

⇩風俗求人誌「てぃんくる」（しょういん）創刊。

⇩「GORO」（小学館）休刊。

⇩女性のためのセックスハウツー本「ジョアンナの愛し方」（飛鳥新社）発売。（→P.235）

⇩アダルトゲームの審査を行うコンピュータソフトウェア倫理機構（ソフ倫）発足。
⇩C．C．ガールズ、Tバックスなどセクシーグループがブームに。
⇩美少女ゲーム「同級生」（エルフ）が大ヒット。
⇩初の熟女専門誌「熟女クラブ」（三和出版）創刊（→P.96）
⇩**オレンジ通信　AVアイドル賞：白石ひとみ**

1993年

⇩セルビデオチェーン「ビデオ安売王」がフランチャイズ展開。セルビデオ時代を切り開く。

⇩ダイヤモンド映像から裏ビデオが大量流出。

⇩辻幸雄「制服美少女達の放課後」シリーズをリリース。ブルセラの帝王と呼ばれるが逮捕。

⇩「お尻倶楽部」（三和出版）創刊。スカトロブーム。（→P.260）

⇩レディースマガジン「KIREI　綺麗」（笠倉出版社）創刊。（→P.235）

⇩ムック「Tフロント女子高生」（少年出版社）発売。女子高生の超過激なグラビアで人気に。

⇩風俗情報誌「月刊MAN-ZOKU」（笠倉出版社）創刊。

⇩「ザ・ベストマガジンスペシャル」（KKベストセラーズ）創刊。

⇩古物営業法違反容疑でブルセラショップが摘発。またブルセラビデオ制作者も逮捕された。

⇩パソコン通信ニフティサーブの「売ります・買います」コーナーで裏ビデオ、使用済み下着、無修正画像などが売られはじめる。

⇩日本初のアダルトCD-ROM「HYPER AV」（ステップス）発売。

⇩にっかつ倒産。

⇩マスコミで「コギャル」の呼称が使われ始める。（→P.63）

⇩**オレンジ通信　AVアイドル賞：憂木瞳**

1994年

⇩豊田薫監督、ヘアビデオ「MARY JANE」（主演：河合メリージェーン）発売。（→P.269）

⇩三代目葵マリー（当時は水樹千春名義）「憎いほど男殺し」（アロマ企画）に出演。（→P.181）

⇩「THEフーゾク」（クリスタル映像 ゴールドマン監督）など風俗AVがブームに。（→P.187）

⇩「マダム倶楽部」（ビッグモーカル）シリーズがスタート。（→P.101）

⇩「Beppin」「スコラ」の編集責任者ら計4人がわいせつ図画販売の疑いで書類送検される。

⇩可愛手翔、高田馬場「ウィズユー」入店。フードルブームに。

⇩アダルトCD-ROMブーム。

⇩インターネット一般開放。

⇩**オレンジ通信　AVアイドル賞：氷高小夜**

1995年

⇩「ビデオ安売王」事実上崩壊。

⇩ソフト・オン・デマンド、桃太郎映像出版設立。

⇩ゴールドマン監督「私は痴女」（クリスタル映像）シリーズをスタート。（→P.183）

⇩二村ヒトシ、AV監督デビュー。（→P.193）
⇩白夜書房、少年出版社のアダルト部門がコアマガジンとして独立。
⇩ギャルファッション誌「egg」（ミリオン出版）創刊。（→P.64）
⇩「きくぜ！2」がわいせつ図版販売にあたるという容疑で加納典明が逮捕される。
⇩日本初のアダルトサイト「Tokyo Topless」開設。
⇩AVメーカーのKUKIが「KUKI TOWER」開設。
⇩デジタルカメラ「QV-10」（カシオ）発売。デジカメ普及へ。（→P.147）
⇩**オレンジ通信　AVアイドル賞：北原梨奈**

1996年

⇩豊田薫監督のセルレーベル「リア王」始動。（→P.269）

⇩メディア倫理協会（メディ倫）発足。

⇩アダルトDVD第一作「桃艶かぐや姫・危機一髪　小室友里」（芳友メディアプロデュース）発売。

⇩松本和彦監督、エムズビデオグループより「一期一会」全12作を発売。大ヒットを記録する。その一作である「一期一会　淫語」は初の淫語AVと言われている。（→P.210）

⇩ソフト・オン・デマンド、「爆走！　マジックミラー号がイク！」シリーズ開始。

⇩裏ビデオ「援助交際白書」シリーズが人気。

⇩フードル、可愛手翔がAVデビュー。

⇩野外露出投稿誌「ララダス」（メディアックス）創刊。（→P.145）

⇩「Chu!」（ワニマガジン）創刊。

⇩アイドル雑誌「シュガー」（サン出版）、素人ハメ撮り雑誌「ストリートシュガー」にリニューアル。

⇩「微笑」休刊。

⇩わいせつ図画公然陳列罪の疑いでプロバイダーのベッコアメ・インターネットが家宅捜索。28歳の会社員が逮捕、16歳の高校生が書類送検される。日本初のインターネットでのポルノ摘発。

⇩KUKI、宇宙企画、アトラス21などのAVメーカーによるアダルトサイト「THE CITY」（現「X CITY」）開設。

⇩パソコン通信で「フロンティア」開設。（→P.146）

⇩テレクラ規制本格化。

⇩**オレンジ通信　AVアイドル賞：麻生早苗**

1997年

⇩風間ゆみ18歳でAVデビュー（当時の芸名は鈴川ちか）。（→P.114）

⇩平野勝之監督の「わくわく不倫旅行」が「由美香」と改題されて劇場公開される。

⇩マニア誌全盛。200誌近くが発行された。

⇩「ラッキークレープ」（バウハウス）、「ワッフル」（海王社）など、突然「Cream」の類似誌が続々創刊。

⇩ギャル系エロ雑誌「チョベリグ!!」（東京三世社）創刊。（→P.65）

⇩「お宝ガールズ」（コアマガジン）創刊。お宝ブームへ。

⇩菅野美穂ヘアヌード写真集「NUDITY」（ルー出版）。

⇩Q2業者がこぞってインターネットに参入。

⇩アメリカでXVideosがスタート。
⇩**オレンジ通信　AVアイドル賞：矢沢よう子**

1998年

⇩森下くるみがソフト・オン・デマンドと12本契約の専属女優としてデビュー。（→P.75）
⇩牧原れい子「31歳　恥じらいデビュー」（クリスタル映像）でAVデビュー。（→P.105）
⇩ハリウッドフィルムから小室友里出演の薄消しで話題になった「ルームサービス」シリーズが発売。（→P.189）
⇩菅原ちえ監督「淫語しようよ！」（ソフト・オン・デマンド）が大ヒット。（→P.196）
⇩ワープエンタテインメント発足。単体女優を起用したぶっかけAV「ドリームシャワー」シリーズがスタート。（→P.190）
⇩逆輸入ビデオが裏ビデオとして人気に。
⇩風俗誌全盛期。30誌以上が発行された。
⇩一般週刊誌の袋とじ企画が急増する。
⇩アイコラがブームに。
⇩「ギルガメッシュないと」放送終了。
⇩CSでアダルト専門の「チェリーボム」、「パラダイステレビ」放送開始。
⇩**オレンジ通信　AVアイドル賞：若菜瀬奈**

1999年

⇩川奈まり子の『義母〜まり子34歳』(ソフト・オン・デマンド)が大ヒット。美熟女ブームへ。(→P.102)

⇩「『痴』女優」(ワープエンタテインメント)シリーズがスタート。(→P.191)

⇩「COOL」「プレミア」など超薄消しビデオがブームになるも摘発が相次ぐ。

⇩オーロラプロジェクトが人気を集める。

⇩ナチュラルハイ、ディープス発足。

⇩援交ビデオ「関西援交」人気に。

⇩3月「スコラ」休刊。10月に出版社を変えて復刊。

⇩DMM(デジタルメディアマート)設立。

⇩無修正画像配信サイト「ASIAN HOT(亜熱)」開設。後に動画配信も。

⇩パソコン通信の「フロンティア」から流出した無修正画像が「PGF画像」と呼ばれ、話題になる。(→P.146)

⇩2ちゃんねる開設。

⇩FC2設立。

⇩児童ポルノ禁止法施行。

⇩改正風営法施行。デリバリーヘルスが認可される。

⇩人妻風俗が人気に。(→P.99)

⇩バイアグラ国内発売。

⇩**オレンジ通信　AVアイドル賞：森下くるみ**

2000年

⇩WATARUX監督の「素人ギャルズLEVEL：A」（エロティカ）シリーズが大ヒット。

⇩『素人コギャルズMANIAX』（V&Rプランニング）シリーズがスタートさせる。（→P.65）

⇩アダルトDVDリリース本格化。

⇩MOODYZ発足。

⇩桃太郎映像がデジタルモザイク（デジ消し）作品を発売。

⇩中出しブーム。

⇩司書房が旧作AVをDVD化したムックを販売。

⇩「月刊DMM」（ジーオーティー）創刊。

⇩飯島愛「PLATONIC SEX」（小学館）がベストセラーに。（→P.60）

⇩「エロトピア」休刊。

⇩デリヘル最大手「アマン」グループが動画で風俗嬢を紹介するサイトを開設。

⇩出会い系サイト全盛期。

⇩携帯電話向けアダルトサイトが急増。

⇩東京都ぼったくり条例施行。

⇩動画ファイルナビゲーター開設。

⇩無修正動画配信サイト「99BB」（後に「XVN」に）開設。

⇩初のデジタルカメラ内蔵携帯電話「J-SH04」（Jフォン）発売。（→P.148）

⇩2ちゃんねるの女装系スレッドで「男の娘」という表現が使われ始める。（→P.244）

⇩**オレンジ通信　AVアイドル賞：聖さやか**

2001年

⇩長瀬愛、笠木忍、堤さやか、桃井望ら企画単体ブーム。（→P.78）

⇩高橋がなり、TV番組「マネーの虎」出演で一躍注目を集める。

⇩TOHJIRO監督、ソフト・オン・デマンドでドグマレーベルを発足。翌年、メーカーとして独立。（→P.197）

⇩二村ヒトシ監督、「痴女行為の虜になった私たち3・巨乳女医は男の乳首が好き」（ソフト・オン・デマンド）で男の乳首への愛撫をクローズアップする。（→P.237）

⇩「雌女 挑発フェロモン」（アウダース・ジャパン2003年から「雌女ANTHOLOGY 女の口は嘘をつく。」）シリーズがスタート。（→P.206）

⇩無修正DVD第一号「D-mode PASSION」発売。海外制作の無修正DVDが人気を集める。

⇩ファイル交換ソフトWinMXが登場

⇩撮り下ろしグラビアサイト「グラフィス」開設。

⇩青少年健全育成条例により区分販売が実施される。

⇩実話誌ブーム。

⇩歌舞伎町風俗ビル火災。44人死亡。

⇩**オレンジ通信　AVアイドル賞：長瀬愛**

2002年

⇩ケイ・エム・プロデュース、プレステージ発足。
⇩ソフト・オン・デマンド、それまで4000円だった定価を2980円に値下げ。
⇩ふたなりAV「男根少女 広末奈緒」（ドグマ）発売。（→P.265）
⇩「ちんかめ」（宝島社）などのオシャレヌードが人気。
⇩DMMダウンロード販売開始。
⇩「カリビアンコム」が無修正動画の配信を開始。
⇩ファイル交換ソフトWinnyが登場。
⇩「トゥナイト2」（テレビ朝日系）放送終了。
⇩**オレンジ通信　AVアイドル賞：及川奈央**

2003年

⇩熟女・人妻専門メーカー「マドンナ」発足。（→P.106）
⇩二村ヒトシ監督「美しい痴女と接吻とセックス」（ドグマ）発売。（→P.197）
⇩ビジュアルソフトコンテンツ事業組合（VSIC）が通産省に協同組合として正式に認可される。
⇩及川奈央、渡瀬晶などの無修正DVDが登場。
⇩「アクションカメラ」休刊。
⇩アダルトサイトでも静止画から動画へ比重が移り始める。
⇩無修正動画配信サイト「TOKYO HOT（東京熱）」開設。

⇩日本人女優を起用したアメリカの無修正AVメーカー「Xオンエア」が「ジャパンX」レーベルをスタートさせる。
⇩**オレンジ通信　AVアイドル賞：春菜まい**

2004年

⇩S1発足。蒼井そら「ギリギリモザイク セル初」が10万本以上のセールスを記録。

⇩紅音ほたる、立花里子、乃亜、寧々などの痴女系女優が次々とデビュー。（→P.204）

⇩カンパニー松尾監督らの自主メーカー、ハマジムがリリース開始。

⇩ニューハーフ女優・水朝美樹AVデビュー。（→P.267）

⇩V&Rプランニング、ビデ倫脱退。

⇩無修正AVメーカー「スカイハイ」設立。

⇩「デラべっぴん」「TOP SPEED」（ex 投稿写真）「アクトレス」（リイド社）休刊
⇩東京都青少年健全育成条例改正によって成人雑誌にシール貼りが義務付けられる。

⇩付録にDVDをつける雑誌が増える。

⇩着エロブーム。

⇩都内風俗店一斉摘発。

⇩**オレンジ通信　AVアイドル賞：夏目ナナ**

2005年

⇩翔田千里が37歳でAVデビュー。(→P.107)
⇩『WATER POLE』(プレステージ)シリーズがスタート。(→P.67)
⇩初のギャル系専属女優、倖田梨紗デビュー。(→P.70)
⇩赤坂ルナと紫彩乃がミリオンマダムズ就任(→P.107)
⇩オペラ設立。(→P.269)
⇩インディーズ系メーカーのレンタル進出。
⇩トライハートコーポレーション、クリスタル映像がビデ倫脱退。新審査団体「日本映像ソフト制作・販売倫理機構」(制販倫)設立。
⇩レアルワークス設立。
⇩ドグマ主催の監督対抗戦「D-1クライマックス」開催。
⇩林由美香急死。
⇩「ビージーン」「ビデオボーイ」など英知出版のアダルト誌がジーオーティーに譲渡される。
⇩「URECCO」「スーパー写真塾」などが大幅リニューアル。
⇩成人雑誌のシール止めが二ヶ所に。
⇩仲村みう、グラビアデビュー。U15ブームを巻き起こす。(→P.83)
⇩ウィルス感染によるプライベート画像流出が相次ぐ。(→P.149)
⇩**オレンジ通信　AVアイドル賞：南波杏**

2006年

⇩メーカー16社対抗「AVオープン」開催。（→P.81）
⇩青木りん、範田紗々がAVデビュー、芸能人AVブームへ。（→P.110）
⇩つぼみAVデビュー。（→P.80）
⇩「ALICE あずき」（ハマジム）発売。（→P.81）
⇩マキシング、Kawaii* AV参入。
⇩溜池ゴロー、Nadeshiko、WOMANなど熟女メーカーが次々と設立。（→P.107）
⇩ニューハーフ女優・月野姫AVデビュー。（→P.268）
⇩ビデ倫、ヘア・アナル解禁。
⇩GLAY'sが世界初のハイビジョンAV「立花里子の奴隷部屋 野々宮りん」を発売。
⇩「anan」のセックス特集号で夏目ナナ主演のDVDがつく。
⇩「小悪魔ageha」（インフォレスト）創刊。（→P.71）
⇩「PENT JAPANスペシャル」（ぶんか社）が熟女専門誌に路線変更。（→P.109）
⇩石川雅之「もやしもん」で美少年キャラの結城蛍が突如として女装キャラへと変貌。
⇩**オレンジ通信 AVアイドル賞：紅音ほたる**
⇩**ペンスペ熟女アワード2006：紫彩乃**
⇩**日本アダルト放送大賞 女優賞：あいだゆあ、熟女女優賞：友崎亜希**

2007年

⇩ビデ倫、わいせつ図画販売幇助容疑で家宅捜索。
⇩第二回「AVオープン」でSODクリエイトの不正が発覚し、優勝取り消し。
⇩「AVグランプリ」開催。
⇩痴女ブーム終息へ。（→P.211）
⇩過激なイカセ物がブームに。
⇩愛間みるくデビュー。ニューハーフがマニア層以外でも受け入れられるように。（→P.272）
⇩ギャル専門メーカー、kira☆kira、GARCONが設立。（→P.69）
⇩プレステージが人気メーカーに。（→P.154）
⇩東京都の迷惑行為防止条例改正によるナンパ撮影が困難に。（→P.151）
⇩英知出版、桃園書房、司書房倒産。
⇩女装ハウトゥ本「オンナノコになりたい！」（一迅社）発売。（→P.244）
⇩**オレンジ通信　AVアイドル賞：松野ゆい**
⇩**ペンスペ熟女アワード2007：翔田千里**
⇩**日本アダルト放送大賞　女優賞：穂花、熟女女優賞：翔田千里**

2008年

⇩ビデ倫審査業務終了。新審査団体「日本映像倫理審査機構」（日映審）が受け皿になる。

⇩芸能人専門メーカー「MUTEKI」発足。

⇩痴女レーベル「乱丸」「美」がスタート。（→P.219）
⇩「おねがい！ マスカット」（テレビ東京系）放送開始。恵比寿マスカッツ結成。
⇩当時最大規模の無修正配信サイト「XVN」が突如閉鎖。
⇩**ペンスペ熟女アワード2008：堀口奈津美**
⇩**日本アダルト放送大賞 女優賞：Rio、熟女女優賞：望月加奈**

2009年

⇩ブルーレイAVリリース本格化。
⇩女性向けAVメーカー「シルクラボ」がスタート。（→P.230）
⇩小澤マリア、蒼井そらなどが海外で話題に。
⇩真梨邑ケイが52歳でアダルトイメージビデオ「情事」（アリスジャパン）に出演。4万本の大ヒットに。（→P.111）
⇩男の娘専門メーカー「美少年出版社」スタート。（→P.279）
⇩老舗AV誌「オレンジ通信」が休刊。
⇩男の娘専門誌「オトコノコ倶楽部」（三和出版）創刊。（→P.245）
⇩**ペンスペ熟女アワード2009：川上ゆう**
⇩**日本アダルト放送大賞 女優賞：明日花キララ、熟女女優賞：小池絵美子**

2010年

⇩日映審（旧ビデ倫）とCSAが統合し映像倫に。
⇩3DAV発売。
⇩元AKB48メンバーと言われるやまぐちりこがAVデビュー。大ヒットを記録する。
⇩「夫よりも義父を愛して…。浜崎りお」（マドンナ）のヒットにより、若妻ブームに。（→P.112）
⇩Twitterを始めるAV女優が激増。
⇩東京三世社廃業。
⇩男の娘専門漫画誌「わぁい！」（一迅社）、「おと☆娘」（ミリオン出版）創刊。（→P.245）
⇩**ペンスペ熟女アワード2010：結城みさ**
⇩**スカパー！アダルト放送大賞 女優賞：原紗央莉、熟女女優賞：堀口奈津美**

2011年

⇩小向美奈子AVデビュー。AV史上最高の20万本の売上を記録。
⇩「ザ・ベストマガジン」休刊。
⇩**スカパー！アダルト放送大賞 女優賞：麻倉憂、熟女女優賞：川上ゆう**

2012年

⇩アダルトビデオ30周年記念企画「AV30」。（→P.80）
⇩DMM.R18「パコパコ動画」放送開始するも数ヶ月で停止。

⇩**スカパー！アダルト放送大賞 女優賞：成瀬心美、熟女女優賞：北条麻妃**

2013年

⇩カリスマ男優・加藤鷹引退。

⇩恵比寿マスカッツ解散。

⇩「コミックメガストア」「ニャン²倶楽部」が摘発されコアマガジン取締役などが逮捕。

⇩「ビデオ・ザ・ワールド」休刊。

⇩**スカパー！アダルト放送大賞 女優賞：さとう遥希、熟女女優賞：星野あかり**

2014年

⇩AVオープン2014開催。
⇩山本わかめ「素人男子をトイレで逆レイプ…したら逆に感謝されちゃいました！」（SODクリエイト）で監督デビュー（→P.224）
⇩男の娘・大島薫がケイ・エム・プロデュースの専属女優に。（→P.242）
⇩「Chuッスペシャル」休刊、ワニマガジン社から実写系エロ本の定期刊行物がなくなる。
⇩「劇場版テレクラキャノンボール2013」公開。異例のロングランヒットに。（→P.141）
⇩「帽子君」FC2ライブのセックス実況で逮捕。
⇩ジャパン・アダルト・エキスポ2014開催。
⇩**スカパー！アダルト放送大賞 女優賞：波多野結衣、熟女女優賞：一条綺美香**

⇩**DMMアダルトアワードプラチナ賞：上原亜衣**

2015年

⇩男の娘、ニューハーフ専門レーベル「僕たち男の娘」（ケイ・エム・プロデュース）スタート。

⇩小向美奈子、覚せい剤取締法違反容疑で三度目の逮捕。

⇩恵比寿マスカッツが恵比寿★マスカッツとして再活動。『マスカットナイト』（テレビ東京系）放送開始。

⇩「DVDニャン²倶楽部」（ニャン²倶楽部が改題）「ニャン²倶楽部Z」休刊。コアマガジンは素人投稿より撤退する。その後「新生ニャン²倶楽部」としてマイウェイ出版から発行。

⇩浅草花やしきを借りきってのイベント「SODプレミアムナイト」開催。

⇩**スカパー！アダルト放送大賞女優賞：紗倉まな、熟女女優賞：篠田あゆみ**
⇩**DMMアダルトアワードプラチナ賞：湊莉久**

2016年

⇩AV女優の出演強要が社会問題化。モデルプロダクションなどが逮捕される。

⇩神奈川のキャンプ場でのAV撮影が公然わいせつほう助に当たるとして制作会社社長や出演女優など52人が書類送検される。

⇩出演強要問題を受け、「表現者ネットワーク（AVAN）」が設立。

⇩アダルトVRリリース本格化。

⇩エスワン、ムーディーズなどを擁する最大手メーカーCAがWILLに改名。

⇩ディープス、SODグループ離脱。
⇩**スカパー！アダルト放送大賞 女優賞：初美沙希、熟女女優賞：成宮いろは**
⇩**DMM.R18アダルトアワード 最優秀女優賞：大槻ひびき**

2017年

⇩出演強要問題を受け、AV人権倫理機構が設立。

⇩出演強要問題を受け、モデルプロダクションの協会として、日本プロダクション協会、第二プロダクション協会が設立。

⇩仲村みうがAVデビュー。

⇩「バチェラー」創刊40周年を迎える。

⇩**スカパー！アダルト放送大賞 女優賞：AIKA、熟女女優賞：羽月希**
⇩**DMM.R18アダルトアワード 最優秀女優賞：三上悠亜**

2018年

⇩出演強要問題を受け、AVメーカー、制作者による映像制作者ネットワーク協会が設立。

⇩フリーランス女優の協会、フリー女優連盟が設立。

⇩DMM.R18がFANZAに改名。

⇩人気AV女優の無修正動画がネットに大量流出。

⇩ソフト・オン・デマンド、秋葉原に「SOD女子社員酒場」を開店。

⇩**スカパー！アダルト放送大賞 女優賞：天使もえ、熟女女優賞：花咲いあん**
⇩**DMM.R18アダルトアワード　最優秀女優賞：橋本ありな**

2019年

⇩大手コンビニ、成人向け雑誌の取り扱いを中止。

⇩村西とおる監督をモデルにしたNetflixのオリジナルドラマ「全裸監督」が話題に。

⇩ディープフェイク、モザイク破壊など、AIを駆使した違法動画がネットでブームに。

⇩吉沢明歩、引退。

⇩**スカパー！アダルト放送大賞 女優賞：戸田真琴、熟女女優賞：加藤あやの**
⇩**FANZAアダルトアワード　最優秀女優賞：相沢みなみ**

2020年

⇩新型コロナ蔓延を受け、AV撮影が中断される。AV女優のイベントなども中止に。

⇩配信特化型AVメーカー、FALENOが活動を本格化。大物女優を次々に専属契約。

⇩世界最大級の動画投稿サイトPornubが数百本の動画を凍結。

⇩ソフト・オン・デマンド、新宿歌舞伎町にAV女優のテーマパーク「SOD LAND」開店。

⇩**スカパー！アダルト放送大賞 女優賞：佐倉絆、熟女女優賞：綾瀬麻衣子**
⇩**FANZAアダルトアワード　未開催**

参考文献一覧

単行本・ムック

宝泉薫『アイドルが脱いだ理由《わけ》』（宝島社）２００１年
前場輝夫＝撮影『愛・ＭＹ・ＭＥ　飯島愛』（英知出版）１９９２年
馬場憲治『アクション・カメラ術』（ＫＫベストセラーズ）１９８１年
森ヨシユキ『アダルトビデオ「裏」の世界』（宝島社）２０１２年
藤木ＴＤＣ『アダルトビデオ最尖端』（コアマガジン）２０１１年
東良美季『アダルトビデオジェネレーション』（メディアワークス）１９９９年
オレンジ通信特別編集『アダルトビデオ10年史』（東京三世社）１９９１年
オレンジ通信特別編集『アダルトビデオ20年史』（東京三世社）１９９８年
本橋信宏『アダルトビデオ　村西とおるとその時代』（飛鳥新社）１９９８年
藤木ＴＤＣ『アダルトビデオ革命史』（幻冬舎）２００９年
豊田有恒『あなたもＳＦ作家になれるわけではない』（徳間書店）１９７９年
下森真澄・宮村裕子『ＡＮＯ・ＡＮＯ』（ＪＩＣＣ出版局　現・宝島社）１９８０年

別冊宝島『1億人のAV』（宝島社）1994年
『「妹ゲーム」大全』（インフォレスト）2004年
『裏パソコン通信の本PART2』（三才ブックス）1995年
本橋信宏・東良美季『エロ本黄金時代』（河出書房新社）2015年
澁谷果歩「AVについて女子が知っておくべきすべてのこと」（サイゾー）2020年
二村ヒトシ・金田淳子・岡田育『オトコのカラダはキモチいい』（メディアファクトリー）2015年
『大人限定 男の娘のヒミツ』（マイウェイ出版）2015年
三葉『オンナノコになりたい！』（一迅社）2007年
団鬼六『奇譚クラブ 花と蛇 決定版』（暁出版）1970年
北原童夢・早乙女宏美『「奇譚クラブ」の人々』（河出文庫）2003年
津田一郎『ザ・ロケーション』（晩聲社）1980年
唯登詩樹『ジャンクション』（白夜書房）1993年
松沢呉一『熟女の旅』（ポット出版）1999年
別冊宝島『昭和史開封！男と女の大事件』（宝島社）2015年
オリビア・セント・クレア『ジョアンナの愛し方』（飛鳥新社）1992年
佐野亨＝編集『【昭和・平成】お色気番組グラフィティ』（河出書房新社）2014年

カンパニー松尾・井浦秀夫『職業AV監督』（秋田書店）1997〜1998年
和田二郎『職業。素人ヌード雑誌編集長。』（マガジン・マガジン）2007年
藤井良樹『女子高生はなぜ下着を売ったのか？』（宝島社）1993年
水道橋博士『水道橋博士の異常な愛情』（青心社）1995年
別冊宝島『性メディアの50年』（宝島社）1995年
黒木香・伊藤比呂美『性の構造』（作品社）1987年
荻上チキ『セックスメディア30年史』（ちくま新書）2011年
別冊宝島『超コギャル読本』（宝島社）1998年
美崎薫『デジタルカメラ2・0』（技術評論社）2007年
『隣りのお姉さん100人』（二見書房）1982年
このどんと『奴隷戦士マヤ 誕生編』（コスミックインターナショナル）1989年
近石雅史『長瀬愛物語―騎乗位の天使』（マガジン・マガジン）2003年
現代風俗研究所『日本風俗業大全』（データハウス）2003年
『80年代AV大全』（双葉社）1999年
『花は紅 団鬼六の世界』（幻冬舎）1999年
永沢光雄『風俗の人たち』（筑摩書房）1997年

篠山紀信＝撮影『激写 135人の女ともだち 篠山紀信全撮影』（小学館）1979年
別冊宝島『100万人のアダルトビデオ』（宝島社）2002年
鈴木義昭『ピンク映画水滸伝』（青心社）1983年
井川楊枝『封印されたアダルトビデオ』（彩図社）2012年
三木幹夫『ぶるうふぃるむ物語』（立風書房）1975年
飯島愛『PLATONIC SEX』（小学館）2000年
『ヘンタイ道まっしぐら』（KKベストセラーズ）1999年
川本耕次『ポルノ雑誌の昭和史』（ちくま新書）2011年
井川楊枝『モザイクの向こう側』（双葉社）2016年
石川雅之『もやしもん』4巻（講談社）2006年
東良美季『代々木忠 虚実皮膜 AVドキュメンタリーの映像世界』（キネマ旬報社）2011年
渡辺真由子『リベンジポルノ――性を拡散される若者たち』（弘文堂）2015年

雑誌

『AERA』（朝日新聞出版）
『アップル通信』（三和出版）
『anan』（マガジンハウス）
『アサヒ芸能』（徳間書店）
『attiva』（徳間書店）
『いやらしい2号』（データハウス）
『S&Mスナイパー』（ミリオン出版 ワイレア出版）
『egg』（ミリオン出版）
『AV CLUB』（日之出出版）
『おとこGON！パワーズ』（ミリオン出版）
『オトコノコ倶楽部』（三和出版）
『おとなの特選街』（KKベストセラーズ）
『オレンジ通信』（東京三世社）
『奇譚クラブ』（曙書房 他）
『KIREI 綺麗』（笠倉出版社）

『月刊DMM』（ジーオーティー）

『小悪魔ageha』（インフォレスト）

『GORO』（小学館）

『実話裏歴史スペシャル』（ミリオン出版）

『週刊現代』（講談社）

『週刊SPA!』（扶桑社）

『週刊プレイボーイ』（集英社）

『週刊ポスト』（小学館）

『小説宝石』（光文社）

『熟女クラブ』（三和出版）

『スーパー写真塾』（少年出版社）

『SUPER BEST』（KKベストセラーズ）

『セクシーアクション』（サン出版）

『台風クラブ』（東京三世社）

『チョベリグ!!』（東京三世社）

『デラべっぴん』（英知出版）

『特選小説』（綜合図書）
『ザ・ナイスマガジン』（司書房）
『NAO DVD』（三和出版）
『熱烈投稿』（少年出版社）
『ビデオエックス』（笠倉出版社）
『ビデオ・ザ・ワールド』（白夜書房 コアマガジン）
『ビデオメイトDX』（コアマガジン）
『ビデオプレス』（大亜出版）
『ビデパル』（フロム出版）
『平凡パンチ』（平凡出版 マガジンハウス）
『ベストビデオ』（三和出版）
『別冊くい～ん』（アント商事）
『PENT JAPANスペシャル』（ぶんか社）
『ボディプレス』（白夜書房）
『本当にあったHな話』（ぶんか社）
『MAZI！』（ミリオン出版）

『ヤンナイ』（大橋書店）
『ユリイカ』（青土社）

安田理央　やすだ・りお

一九六七年埼玉県生まれ。

ライター、アダルトメディア研究家。

主にアダルトテーマ全般を中心に執筆。

特にエロとデジタルメディアとの関わりや、アダルトメディアの歴史をライフワークとしている。

AV監督としてもやカメラマン、またトークイベントの司会や漫画原作者としても活動。

主な著書として『痴女の誕生』『巨乳の誕生』『日本エロ本全史』(すべて太田出版)、

『AV女優、のち』(角川新書)、『日本縦断フーゾクの旅』(二見書房)、

『ヘアヌードの誕生』(イースト・プレス)などがある。

http://rioysd.hateblo.jp

本書は「痴女の誕生　アダルトメディアは女性をどう描いてきたのか」（太田出版、２０１６年3月）を加筆、修正、再編集し、文庫化したものです。

著作権者との契約により、本著作物の二次及び二次的利用の管理・許諾は株式会社太田出版に委託されています。

鉄人文庫

痴女の誕生
アダルトメディアは女性をどう描いてきたのか

2021年6月21日　第1刷発行

著　者　安田理央
発行人　稲村　貴
編集人　平林和史
発行所　株式会社 鉄人社
〒162-0801 東京都新宿区山吹町332
オフィス87ビル3F
TEL 03-3528-9801　FAX 03-3528-9802
http://tetsujinsya.co.jp/
デザイン　細工場
印刷・製本　新灯印刷株式会社

ISBN978-4-86537-215-1　C0195